スープ

細川亜衣

スープほど、懐の深い料理はない。
スープほど、自由な料理はない。
しかし、だ。
スープほど、繊細な料理はない。
だから私はびりびりと神経を尖らせながら、
水分と固形物との微妙なせめぎ合いを、
静かな視点で見守るようにしている。

目次

レシピの材料は、特に表記のないものは4人分です。

スープ

recipes

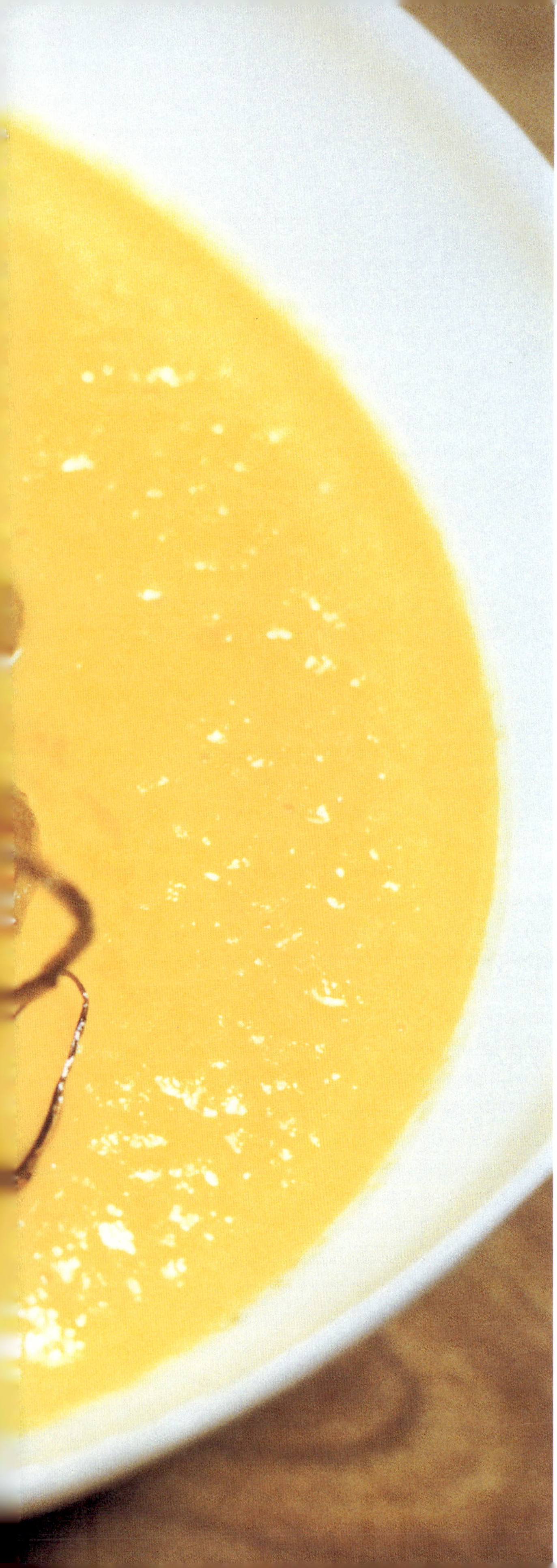

新にんじん

新にんじん——400g
新しょうが——小1かけ
プチトマト——4個
間引きにんじん——20本
菜種油——適量
粗塩——適量

新にんじんは、皮をむいてごく薄切りにする。

新しょうがは、皮ごと薄切りにする。

新にんじん、新しょうが、プチトマトを鍋に入れ、菜種油、粗塩を加えてふたをして中弱火にかける。

音がしてきたら弱火にして蒸し炒めにする。

時々混ぜ、ふたの裏についた水分を落としながら、
にんじんがへらで簡単につぶれるくらいになるまで、じっくりと火を通す。

水分が飛び、甘みと香りが頂点に達したところでかぶるくらいの水を加え、ひと煮立ちさせる。

新しょうがとプチトマトの皮をのぞいてブレンダーでなめらかに撹拌し、塩味をととのえる。

間引きにんじんの葉先は柔らかくゆで、軽く水気を搾る。

ごく細かく刻み、菜種油、粗塩を加え混ぜてとろりとさせる。

間引きにんじんは、菜種油と粗塩をまぶして小鍋に入れ、水少々を加えてふたをして弱火で蒸し焼きにする。

もしくは、高温のオーブンに5分ほど入れて火を通す。

水分がほぼ蒸発し、うっすらと色づいたら火を止める。

スープを弱火で熱々にし、温めた皿に盛る。

葉のソースをかけ、蒸し焼きにした間引きにんじんを上に盛る。

トマトの種

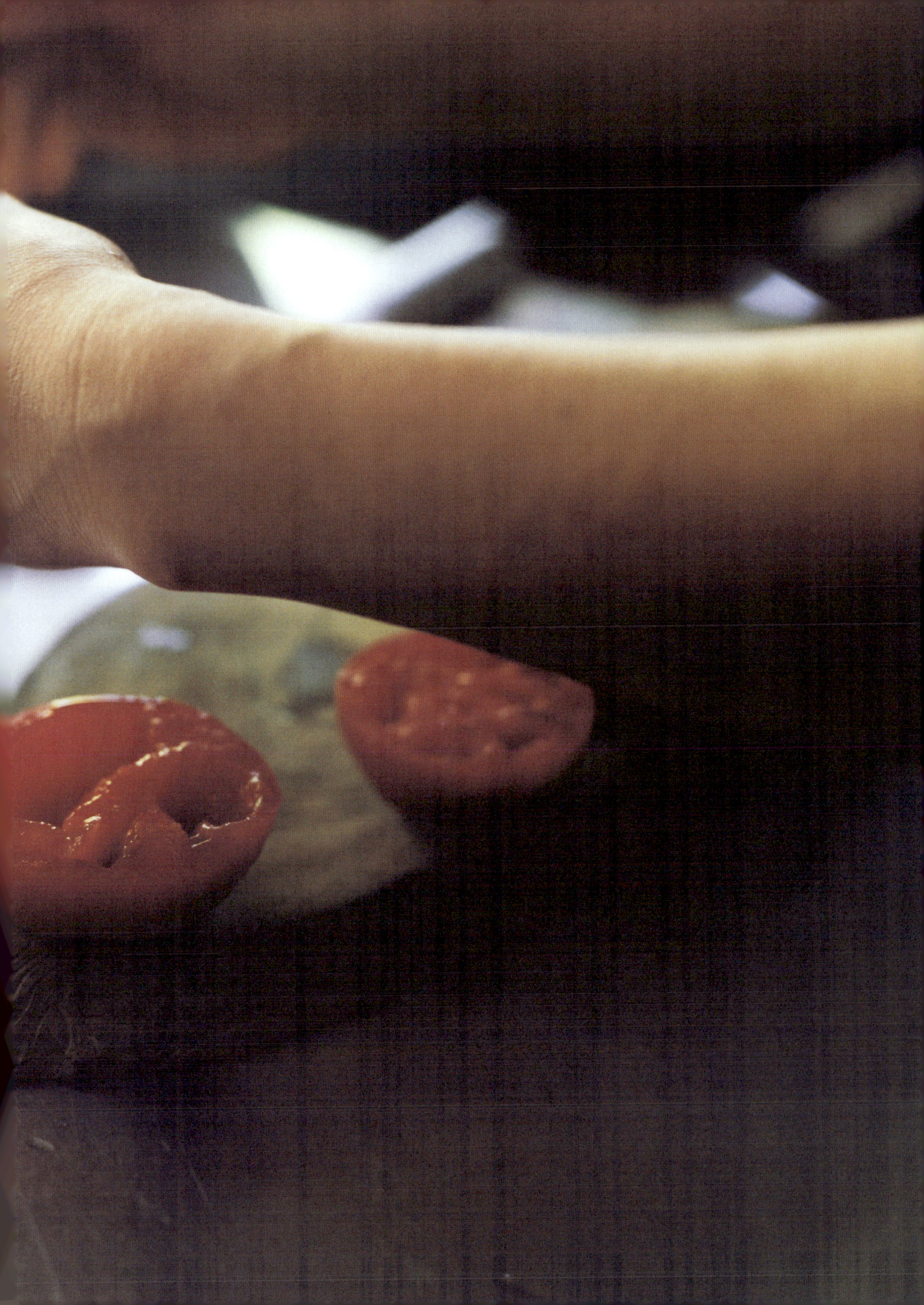

完熟トマトの種――――食べたいだけ
極上の赤ワインビネガー――ほんの少々
塩――――――――――適量

完熟トマトは半割りにして種をくり抜く。
種、極上の赤ワインビネガー少々、塩を混ぜて冷やす。

生トマトのソースや、セミドライトマトなど、
トマトの水分を出したくない料理を作る時に、種を取り除くことがある。
そんな時、種だけを集めてほんの少しだけ、
心地よい酸味の香り豊かな赤ワインビネガーをたらすと、
夏の喉を潤す贅沢なスープになる。

グリーンピース・ペパーミント・バター

グリーンピース――2カップ（正味）
ペパーミント――ひとつかみ
バター――20g
粗塩――適量

鍋にさやをむいたグリーンピース、
ペパーミント、バター、粗塩を入れ、
水をかぶるくらいに注ぐ。
ふたをして中火にかけて煮る。
グリーンピースが柔らかくなったら
火を止め、ペパーミントを除いて
塩味をととのえる。
熱々を器に盛る。

メロン

完熟メロン3色（果肉が白、緑、赤のもの）
コンデンスミルク
はちみつ（透明感のあるゆるいもの）
レモン
＊すべて適量

メロン3色はよく冷やしておく。
それぞれ半分に切り、種のまわりの果汁を漉したものと果肉を
ブレンダーでなめらかに撹拌し、別々に冷やしておく。
器に盛る前にそれぞれのメロンのジュースをもう一度撹拌して、気泡をたっぷりと含ませる。
1色ずつスープを流し、コンデンスミルク、はちみつを少しずつ表面にたらし、
レモンを軽く搾る。

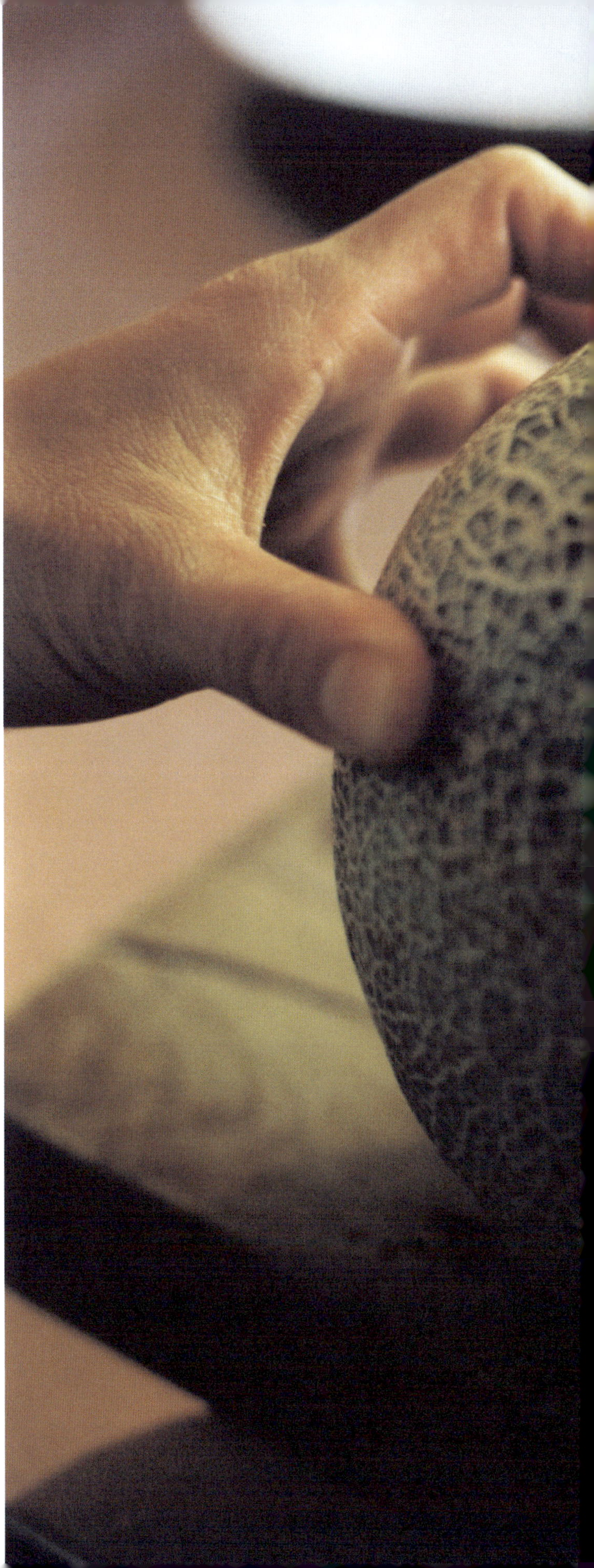

新じゃがいも・新玉ねぎ・トマト

新じゃがいも――――――――小4個
新玉ねぎ―――――――――小4個
トマト(完熟)――――――――小8個
オリーブ油――――――――適量
粗塩―――――――――――適量

香りの落としぶた
セロリ、パセリ、イタリアンパセリ、オレガノ、タイム、
コリアンダー、フェンネル、ディル、マジョラム、
バジリコなどから数種類選んで枝ごとたこ糸でしばる。

仕上げ
香りの落としぶたに使ったハーブの葉
オリーブ油――――――――適量
粗塩―――――――――――適量

新じゃがいもは、皮をむいて水にさらし、鋳物鍋に重ねないように並べる。
新玉ねぎは、しわの寄った皮までむき、半割りにする。
切り口を上にしてじゃがいもの上にのせる。
オリーブ油をひとすじ回しかけ、粗塩をふり、香りの落としぶたをのせる。
水を鍋底1センチくらい入れてふたをして中火にかける。
鍋が熱くなってきたら弱火にし、じっくりと煮る。
じゃがいもの芯にすっと串が通るようになったら、
へたを手でつまんで取ったトマトのおしりを上にしてのせる。
再びふたをして10分ほど弱火で煮て、トマトの皮が少しはぜてきたら火を止める。
数時間おいて味をなじませる。
香りの落としぶたをはずして塩味をととのえ、ふたをして弱火で野菜の芯まで温める。
器に盛り、オリーブ油を回しかけ、粗塩を少々ふる。
別の器に盛り合わせたハーブの葉を好みでちぎってのせる。

新じゃがいもは、煮くずれしにくい品種を選ぶ。表面が緑色になっているものは、えぐみがあるので丁寧にのぞく。

新玉ねぎは、切り口から香りや甘みが出やすくなるので、半分に切って使う。

しかし、煮ているうちにばらばらにならないよう、根っこのところを切りすぎないようにしておく。

新玉ねぎならではの水分の豊富さで、少ない水分でもふたをして煮ているうちにスープが出てくる。

トマトは、中まで真っ赤に熟れたもので、かつ柔らかくなりすぎていないものがよい。

切るとスープがトマトの色や味や香りで占領されてしまうので、へたを取るだけにとどめ、
へたのついていた小さな穴からじんわりと風味が染み出るのを待つ。

トマトそのものの存在感は、トマトにかぶりついた時に初めて感じるくらいがよい。

どの段階でもぐらぐらと煮ることはせず、鍋の中で対流する蒸気でじんわりと野菜に火が通るようにする。


ごく当たり前にある野菜で、こんなにも素晴らしいスープができることに感謝したい。

味わいは洋風のスープだが、作り方はどちらかと言うと日本の煮物に近い。

煮込んで液体（水分）と個体（野菜）が渾然となった西洋のスープや、日本の具沢山の汁ものとは一線を画すものなのである。

それぞれの野菜の形が残り、かつ芯までしっかりと煮えているからこそ放たれる甘みや香り。

そして、それらのエキスが染み出た水分こそが一番のごちそうである。

一見大胆な風貌の料理だが、野菜の選択、水加減、塩加減、香り加減、何ひとつとして軽んじてはいけない。

すべての加減がうまく噛み合った時、ひとさじ口に運べば〝ああ！〟と思わず驚嘆の声が漏れるだろう。

また、香りの落としぶたの効用にも目を見張ることだろう。

香りのエキスを出し切ったハーブの束は取り出し、皿の上で食べる人自らの手で新たに生のハーブをちぎる。

スープ全体を包む残り香と重なる、鮮明な香りを感じることができるはずだ。

すいか・ホワイトラム

すいか
ホワイトラム
氷
＊すべて適量

すいかは半割りにする。
真ん中をスプーンですくい、まずはそのまま何さじか食べる。
見える部分の種を取り、大きな氷を入れ、ホワイトラムをたらたらと注ぐ。
実とラムの効いた冷たい汁を一緒にすくい、食べるように飲む。

春キャベツ・レタス

春キャベツ――4枚
にんにく――ほんの少々
新たまねぎ――ひとかけら
唐辛子――1本
リーフレタス、レタス、サンチュなど――1株
オリーブ油――適量
粗塩――適量
黒こしょう――適量

春キャベツとレタス類は、一枚ずつ葉をはがし、洗ってそれぞれ冷水につけておく。

食べやすい大きさにちぎったキャベツ、にんにく、新玉ねぎ、
唐辛子を鍋に入れ、粗塩をふり、オリーブ油を回しかける。

水を鍋底1センチくらい注いで中火にかけ、
時々混ぜながらくったりとして甘みが出るまで火を通す。

上から大きくちぎったレタスをのせ、粗塩をふり、オリーブ油を回しかけてふたをする。

中火でさっと煮て、いったん上下を返し、レタスがシャキッと煮えたらすぐに火を止める。

塩味をととのえて器に盛り、黒こしょうを挽き、オリーブ油を少々回しかける。

赤い野菜・クミン

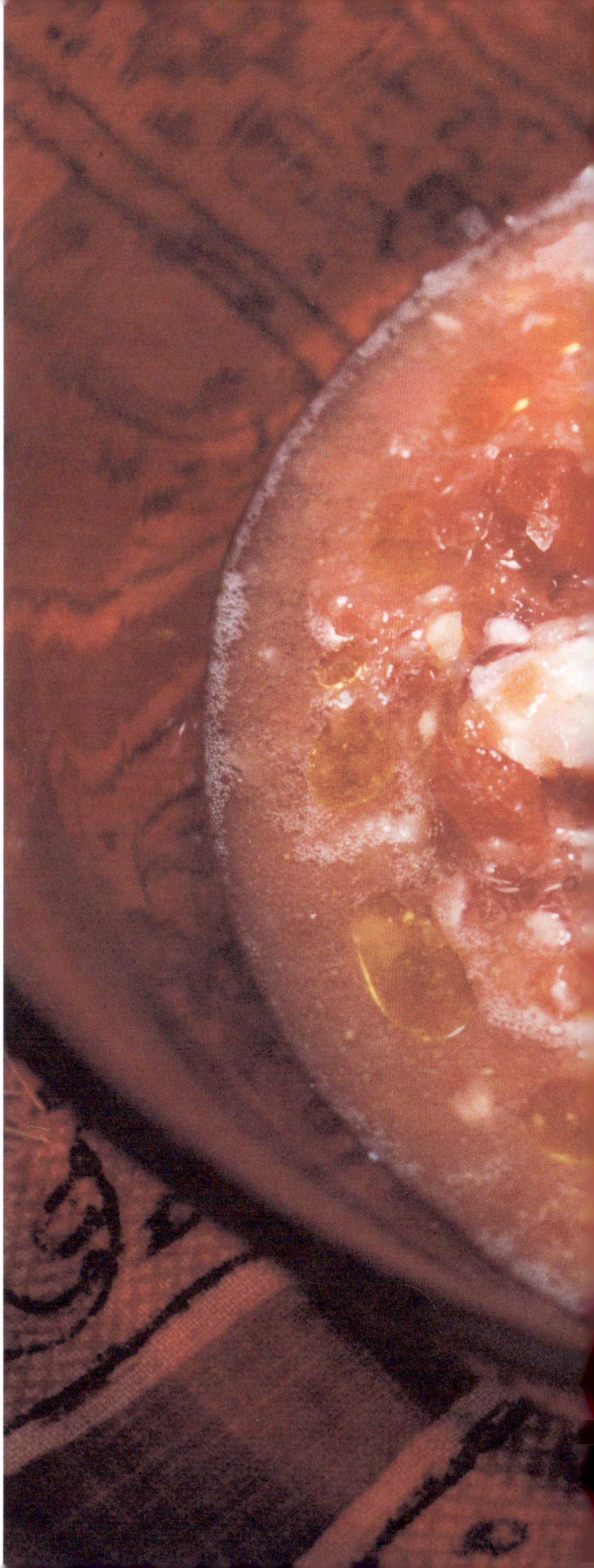

ラディッシュ――4個
赤パプリカ――大1個
赤玉ねぎ――1/8個
トマト（完熟）――中4個
レモン――約1個分
赤ワインビネガー――少々
クミンパウダー――適量
オリーブ油――適量
粗塩――適量

ラディッシュは葉を取り、赤パプリカはへたと種を取り、赤玉ねぎは皮をむく。

すべての野菜を鬼おろしですりおろし、ボウルに入れて冷やしておく。

レモンを搾り、赤ワインビネガー、クミンパウダー（ほんのり香るくらい）、粗塩を加え混ぜて器に盛る。

オリーブ油少々を回しかける。

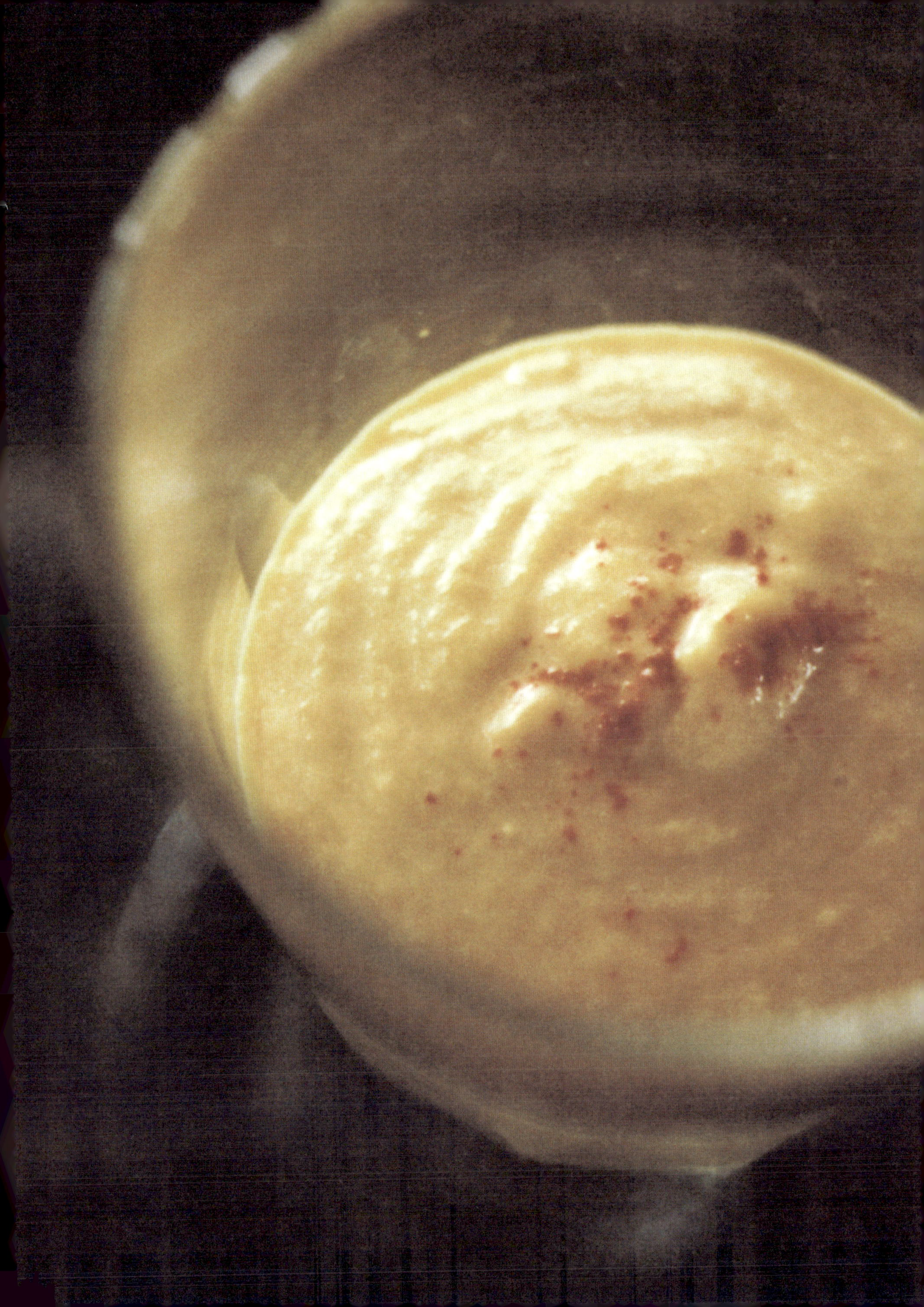

黄パプリカ・黄プチトマト

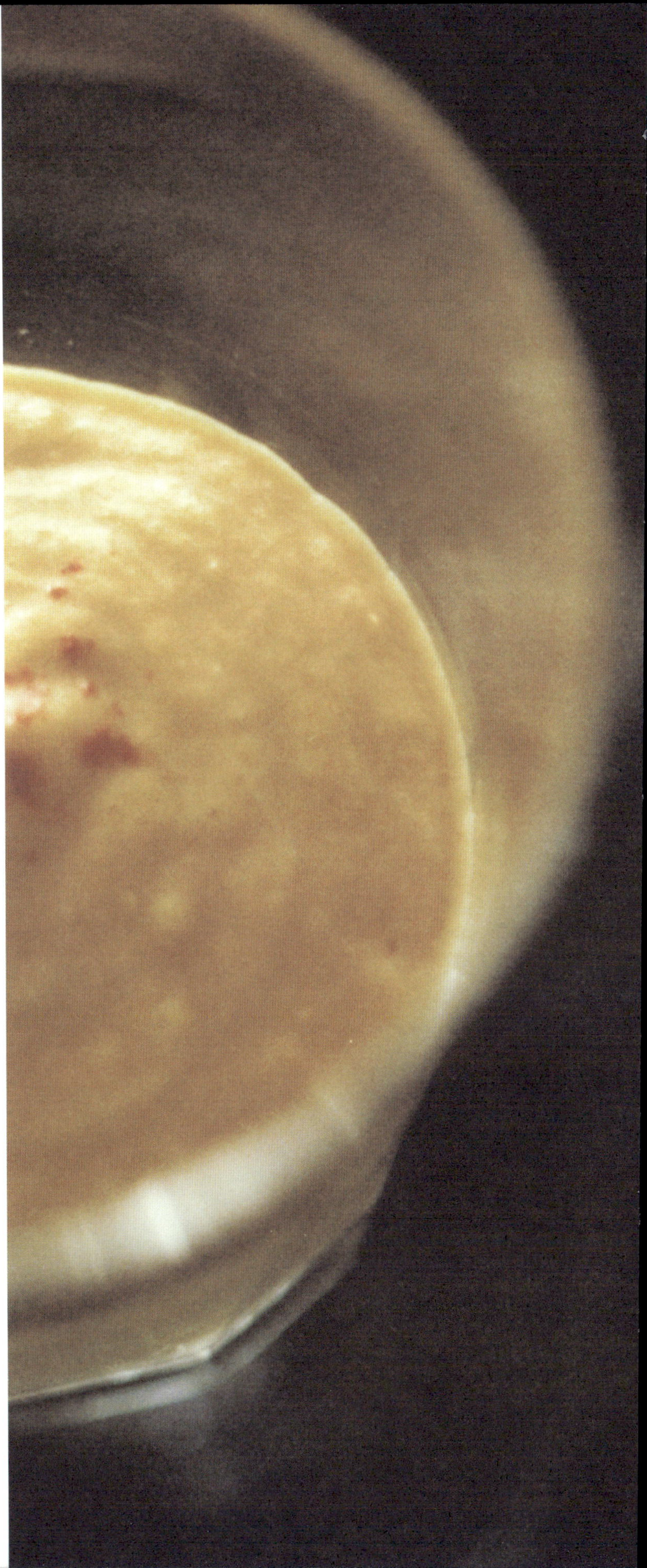

黄パプリカ――大2個(約400g)
黄プチトマト――10個(約100g)
塩――適量
生クリーム(乳脂肪分36%)――50g
燻製パプリカ――少々

パプリカとプチトマトは、オーブンシートを敷いた天板などにのせ、
丸のまま、できるだけ高温のオーブンで焼く。

プチトマトは、皮がこんがりとしてはぜてきたら取り出す。

パプリカは転がしながらさらに焼き、全体が黒っぽくなったら取り出しておく。

完全に冷めたら、へたと種を抜き、皮をむく。

熱々をむくと、果肉からおいしい汁が流れ出てしまうので、
冷まして果汁を落ち着かせることが大切。

また、焦げた皮が手についてむきにくいが、パプリカを水で洗うことはせず、
手だけを洗いながら皮を丁寧にのぞいてゆく。

香りも甘みもたっぷり染み出た焼き汁だから、一滴も無駄にしないようにしたい。

焼き汁は漉して、パプリカの果肉、プチトマト、塩とともにブレンダーでなめらかに撹拌する。

生クリームを加えてさらに撹拌する。

常温のまま、または氷水に当てながらほんのりと冷やしてグラスに盛る。

燻製パプリカをひとつまみかける。

＊燻製パプリカは、スペインなどで作られるもので、
細長いパプリカを楢や樫などの木を燃やした上で燻して乾燥させ、細かく挽いたもの。

いちご・野いちご

ソース

いちご――小10個
きび砂糖――約10g
（いちごの甘さによる）
レモン汁――10g

ゼリー

板ゼラチン――4枚
（商品により凝固力が異なる。
通常の使用量の約倍量用意する）
グラニュー糖――60g
はちみつ――15g
レモン汁――20g
いちご――小20個
野いちご――20個

ソースを作る。

すべての材料をミキサーなどにかけてなめらかにし、冷やしておく。

ゼリーを作る。

板ゼラチンは、冷水につけてふやかす。

ボウルにグラニュー糖、はちみつを入れ、沸騰した湯200グラムを注いで、泡立て器でよく混ぜて溶かす。

板ゼラチンの水気を絞って加え、さらによく混ぜて溶かす。

ボウルに漉し、レモン汁も加えてたくさん氷を入れた水に当てながら混ぜる。

うっすらととろみがついてきたら、いちごの乱切りと野いちごを入れ、
へらに変えていちごをつぶさないように、全体をまんべんなく混ぜる。

ゼリーがごくゆるく固まり始めたら、すぐに氷水からはずす。

器にソースを流し、できたてのゼリーをかける。

＊時間が経つとゼリーが固くなるので、食べる分だけを作る。

晩柑・梅シロップ

晩柑――――――2個
梅シロップ――――約大さじ2

晩柑は薄皮までむき、
むききれないところはぎゅっと搾る。
果肉と汁を一緒にし、梅シロップの半量を加え混ぜる。
冷凍庫で周りがうっすら凍り始めるまで冷やす。
器も冷凍庫で冷やしておく。
きんきんに冷えた器に晩柑を汁ごと盛り、残りの梅シロップを回しかける。

*梅シロップの作り方
青梅と同量の氷砂糖を用意する。
青梅をきれいに洗い、半日ほど水につけておく。
なり口をのぞいて水分を拭き取り、清潔な保存瓶に青梅と氷砂糖を交互に重ねてゆく。
ふたをして冷暗所におき、ときどき瓶を揺すりながら氷砂糖が溶けるのを待つ。
氷砂糖がほぼ溶けたら、シロップを漉して鍋に入れ、ごく弱火で火入れをする。
あくが浮いてきたらのぞき、瓶に詰めて冷蔵保存する。

馬・しいたけ・きくらげ

馬ひも——100g
干ししいたけ——5枚
生しいたけ——20枚
生きくらげ——10枚
赤玉ねぎ——大1個
にんにく——1かけ
オリーブ油——適量
粗塩——適量
黒こしょう——適量
シェリー酒——½カップ
タイム、マジョラム、オレガノ——適量

仕上げ
イタリアンパセリ——ひとつかみ
黒こしょう——適量
オリーブ油——少々

干ししいたけは、洗ってボウルに入れ、水をかぶるくらい注ぐ。

さっとひと混ぜしたら、漬け水をいったん捨て、
もう一度かぶるくらいの水にひたしてふっくらとするまで戻す。戻し汁は漉してとっておく。

戻した干ししいたけと生しいたけは、石突きをはずす。

生しいたけは、濡らしたキッチンペーパーできれいにふく。

赤玉ねぎは、皮をむく。

馬ひも、赤玉ねぎ、干ししいたけ、生しいたけ、生きくらげは、すべて小さな賽の目に切る。

にんにくは、皮ごとつぶす。

鋳物鍋に赤玉ねぎとにんにくを入れてオリーブ油でさっと炒め、粗塩をふる。

ふたをして中弱火で蒸し炒めにし、しっかり甘みが出るまで炒めたら、
干ししいたけと馬ひもを加えて肉の色が完全に変わるまで炒める。

黒こしょうを挽き、シェリー酒をふって強火でアルコール分を飛ばしたら、
生しいたけと生きくらげを加えてさらに蒸し炒めにする。

時々混ぜながら、ふたをして弱火でじっくり火を通す。

水分が蒸発して鍋底に張りつき始めたら、素材の旨味が凝縮したしるし。

干ししいたけの戻し汁を1カップと水をかぶるくらい入れる。

ふたをして弱火で1時間ほど静かに煮込む。

塩味をととのえてハーブを加え、火を止めてしばらく味をなじませる。

弱火で温め直し、ハーブをのぞいて器に盛る。

イタリアンパセリのみじん切りを散らし、黒こしょうを挽き、オリーブ油を少々かける。

抜き菜・生クリーム

スープ
鶏ガラ――2羽分
玉ねぎ――1個
にんじん――1本
セロリ――1本
プチトマト――5個
にんにく――2かけ
粒黒こしょう――小さじ1
クローブ――5粒
好みのハーブ――適量

仕上げ
抜き菜――ひとりひとつかみ
塩――適量
生クリーム――大さじ4〜8

鶏ガラは流水で洗い、目を見開いて血合いや脂身をしっかりと取り除く。

鍋に入れ、水をたっぷりかぶるくらいに注いで強火にかける。

あくがぶくぶくと浮いてきたら丁寧にすくい、香味野菜のぶつ切り
（無農薬の野菜の時は、皮ごと刻んで入れる）、香辛料、ハーブを加える。

あくをすくったら、弱火で2時間ほど煮る。

味を見て、鶏と野菜のエキスが十分に出て、液体分が水からスープに変化していたら、火を止める。

スープ皿に、きれいに洗って水気を切った抜き菜をこんもりと盛る。

琥珀色のスープを食べる分だけ小鍋に漉し入れ、塩を入れて熱々にする。

生クリームを一人につき大さじ1〜2杯加えて混ぜ、沸騰したらすぐに火を止める。

抜き菜のまわりに静かに乳白色のスープを注ぐ。

緑の夏野菜

オクラ
ピーマン
青うり、またはきゅうり
水前寺菜
モロヘイヤ
しそ
バジリコ
玉ねぎ
梅酢
天然酵母パン
氷
オリーブ油
粗塩
＊すべて適量

オクラはへたをのぞき、ピーマンは、へたと種をのぞいてざく切りにする。
青うりは皮と種をのぞき、きゅうりならばそのままざく切りにする。
水前寺菜、モロヘイヤ、しそ、バジリコは葉だけを摘む。
玉ねぎは薄切りにして水にさらし、水気を切る。
パンは皮をのぞき、固くなっていれば水にひたして柔らかくしてから絞る。
すべての野菜とパンをミキサーに入れ、梅酢、氷、オリーブ油を入れて撹拌する。
塩で味をととのえる。

＊入れる野菜に決まりはないが、それぞれの量は香りや苦味のバランスを考えて決める。
味をぴりりと引き締める玉ねぎは必ず、しかしごく少量にとどめる。
あとはオクラやモロヘイヤなど、何か一つでもねばりのある野菜を入れること。
梅酢で酸味をつけることで、青いピーマンやゴーヤなど、
苦みのある野菜も意外に個性を主張しすぎず、全体がほどよくまとまる。
調味料は、味を見ながらほどよい加減を見つける。
そうめんや細いうどんにかけたり、
油をごま油にかえて冷やしワンタンと合わせてみるのも面白い。
ヨーロッパとアジアの味の交錯はなかなかよいものである。

パイナップル・卵

コンポート
パイナップル――200g（正味）
きび砂糖――50g
ライム汁――20g

クリーム
卵――4個
牛乳――300g
生クリーム――100g

コンポートを作る。

パイナップルは皮と芯をのぞき、ごく薄切りにする。仕上げ用に少し取っておく。

鍋に入れ、皮に残った果肉を搾って果汁を入れ、きび砂糖を加えてよく混ぜる。

砂糖がほぼ溶けたら、中火にかけて煮立てる。

あくを引き、うっすらととろみがついたら火を止めて、ライムの汁を加え混ぜる。

ボウルにざるを重ねてシロップを漉す。

クリームを作る。

卵をボウルに割り、コンポートのシロップと牛乳を加える。

湯煎にかけながらハンドミキサーで混ぜる。

縁の部分がうっすらと煮えてきたら、火を止める。

生クリームを加え、さらにふんわりとするまで泡立てる。

温かいクリームを温めた茶碗やカフェオレボウルに盛り、パイナップルをところどころに散らす。

ぶどう・タピオカ

ぶどう（緑、紫）——40粒
タピオカ（ミニ）——1/4カップ
新しょうが——100g
白ワイン——200g
グラニュー糖——100g
炭酸水——200g

鍋に皮ごと薄切りにした新しょうが、白ワイン、グラニュー糖を入れる。

ふたをして中火にかけ、煮立ったら火を弱めて10分ほど煮る。

火を止めてしょうがを入れたまま冷まし、ボウルに移してさらに冷蔵庫でよく冷やしておく。

タピオカは沸騰した湯に入れ、ふつふつと煮立つくらいの火加減で20分ゆで、ざるに上げる。

ボウルを下に重ねて流水で洗い、冷たくなったら水気を切る。

ぶどうはよく冷やしておき、皮はむかずに、種がある場合は縦に切ってのぞく。

シロップのボウルにタピオカとぶどうを入れて混ぜ、器に盛る。

よく冷えた炭酸水を注ぐ。

かぼす・寒天

寒天
棒寒天——½本

シロップ
きび砂糖——40g
かぼす——1個

棒寒天は、よく洗ってから水につけて柔らかくし、水気を絞る。

鍋に入れ、水600グラムを注いで中火で煮溶かす。

沸騰してから3分ほど、かたまりが消えて透明感が出るまで煮る。

バットに漉し入れ、粗熱が取れたら冷蔵庫に入れる。

シロップのきび砂糖と水120グラムはよく混ぜて溶かし、かぼす½個分の薄切りを加えてよく冷やしておく。

寒天が固まったら、スプーンで薄く削るようにすくって器に盛る。

氷をのせ、シロップを漉してかけ、かぼすの汁を搾り、皮をすりおろす。

焼き栗

栗——中20個＋4個
オリーブ油——適量
粗塩——適量
牛乳——120g

栗は鍋に入れ、水をかぶるくらいに注ぐ。

ふたをして火にかけ、煮立ったら火を弱めて40～50分ほどゆでる。

（ゆで時間は栗の大きさによるが、長めにゆでた方が栗の甘みやねっとりとした食感が出る）

ゆだったら湯につけたまま冷まし、なるべく形をくずさないようにむく。

（乾きすぎると皮がむきにくくなるので、湯につけておくとよい）

むいた栗を、オーブンシートを敷いた天板に広げる。

オリーブ油をまぶして250度のオーブンで約15～20分、こんがりと焼く。

仕上げ用によく焼けたところを4個分ほど取り、粗塩とともに刻む。

残りの焼き栗を、かぶるくらいの水、粗塩とともに鍋に入れてふたをして10分ほど煮る。

栗が柔らかくなったらブレンダーにかけ、牛乳も加える。

弱火にかけ、へらで混ぜながら熱々にし、ブレンダーで泡を立てて器に盛る。

刻んだ焼き栗を散らす。

カリフラワー・乳清

チーズ
牛乳(乳脂肪分4.0%)――――500g
レモン汁――――――大さじ1
塩――――――――小さじ1
*固形分約150g、乳清約300gが出来る。

スープ
カリフラワー――――中1個(約500g)
*このうち100gほどはクネルに使う。
バター――――――20g
チーズを作った際に出る乳清――300g
粗塩――――――――適量

チーズを作る。

すべての材料を鍋に入れ、中火にかける。

時々へらで鍋底から混ぜながら、中弱火で煮る。

白いかたまりと、うっすらとした色の水分に分かれたら火を止める。

厚手のキッチンペーパーを敷いたざるで漉す。

カリフラワーは固い葉をのぞき、洗って冷水につけておく。

蒸気の立った蒸し器にカリフラワーを丸のまま入れて、強火で15〜20分ほど蒸す。

指で触るとふわふわとした感触になり、何の抵抗もなくくずれるくらいになったら火を止める。

カリフラワーの粗熱が取れたら、スープ分200グラムを取って鍋に入れる。

この時、芯に近い方は甘みが強いので必ず加える。

バターを入れてふたをして弱火にかけ、しばらく蒸し炒めにする。

火は完全に通っているので、バターの香りがカリフラワーになじめばよい。

とろりとしたら、チーズを作った時に出る水分(乳清)をすべて加えて煮立てる。

ブレンダーでなめらかになるまで攪拌し、ふんわりとした泡を立てる。

濃度が濃く、泡が立ちにくい場合は水を加えてゆるめるとよい。

クネル用のカリフラワー100グラムとチーズ50グラムを合わせてスプーンでくずし、
2本のスプーンを使ってスープ皿の中心にクネル形にして盛る。

熱々のスープにもう一度ふんわりとした泡を立て、まわりに注ぐ。

クネルの上に粗塩をふる。

銀杏・春菊

野菜のだし
野菜の切れ端——両手いっぱい
(玉ねぎ、にんじん、セロリ、パプリカ、ねぎ、プチトマト、しょうが、にんにく、パセリなど)
粗塩——適量

春菊——2把
銀杏——40粒
粗塩——適量

野菜の切れ端を鍋に入れ、水をかぶるくらいに注ぎ、中火にかける。沸き始めたら、弱火で30分ほど煮立てないように煮る。粗塩を加えてうっすらとした塩味をつけたら、火を止める。

春菊は、洗って冷水につけておく。ぱりっとしたら、柔らかく塩ゆでする。笊ざるに上げて冷まし、包丁で細かく叩く。

銀杏は殻を割り、熱湯でゆでてから冷水に取る。薄皮までむき、半量は粗く刻み、半量は丸いままにしておく。

鍋に野菜のだしを漉し入れて沸かす。

春菊と銀杏をすべて加えて、塩味をととのえ、ひと煮立ちしたら器に盛る。

*野菜はなるべくさまざまな種類を取り合わせる。すみずみまで安心して食べられる野菜であれば、皮や根っこ、へたなども合わせて鍋に入れる。あくの強いものは避け、くせの強いものは少なめにするとよい。玉ねぎ、にんじん、セロリ、ねぎ、トマトは香りの支えとなるので必ず入れる。

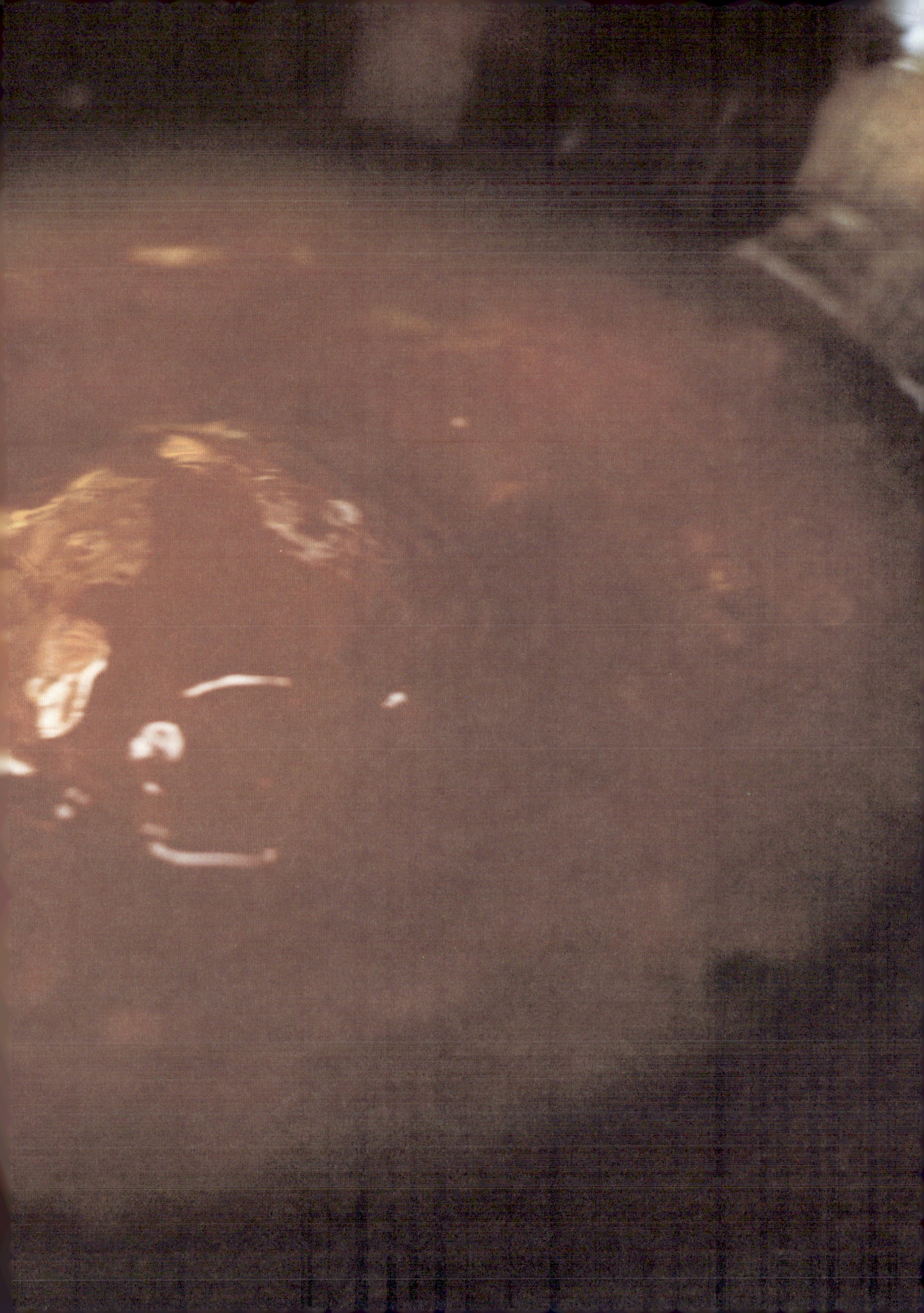

熟れ柿・柚子

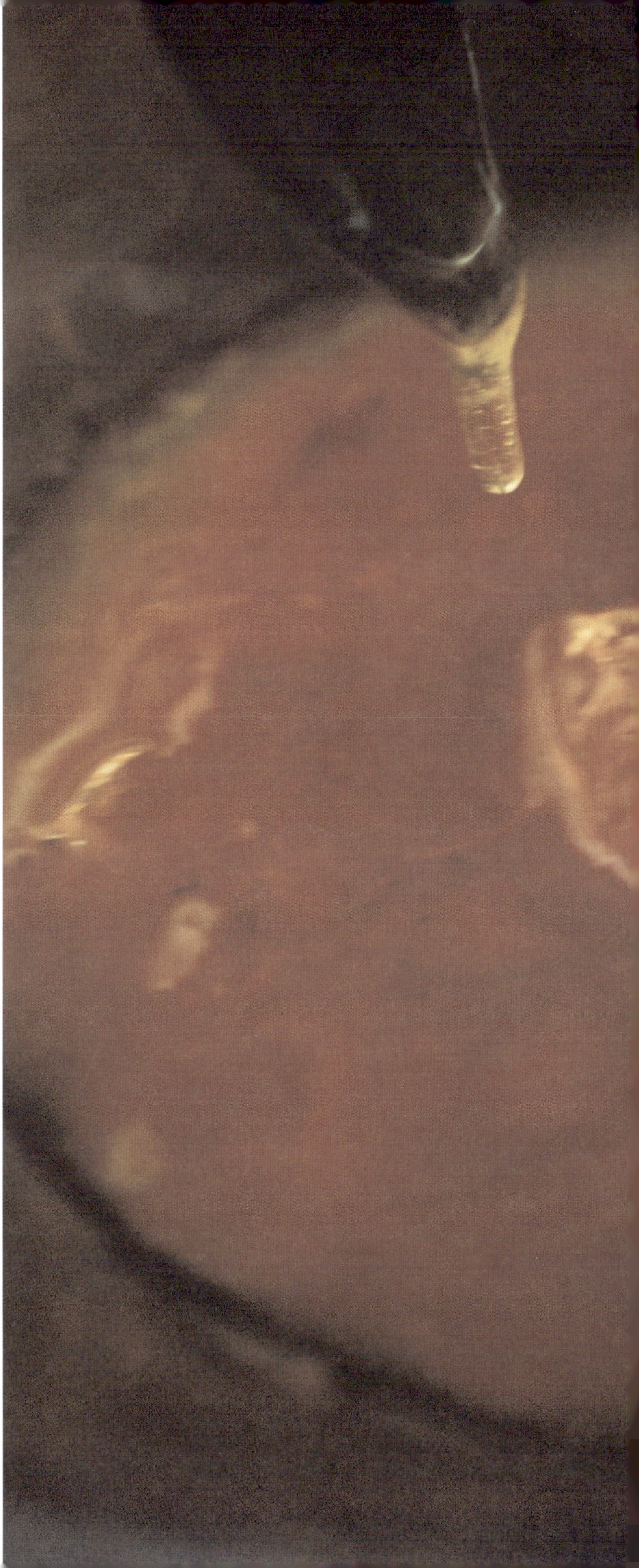

熟れ柿
柚子
はちみつ（すっきりとした甘さのもの）
＊すべて適量

芯まで赤く透き通り、手で持った時に
ふわふわに感じるほど熟れた柿を用意する。
木なりのまま完熟したものを
もいで作るのが最高だが、
もいだ渋柿を完熟するまで
ざるに広げておいて作ってもよい。
いずれにしても、外の冷気で
じんわりと冷えたものが好ましい。

へたを取った柿を皮ごとぎゅっと
絞って器に入れる。
熟れきった柿の皮は、
薄く透き通るほどになっているので、
手に残るのはわずかな残骸だけだ。
あれば小ぶりの熟れ柿を、
皮をむいてまるのまま、
なければ大きな熟れ柿を一人分に切ってのせ、
柚子をほんのりと搾り、
はちみつをひとさじかける。

丸鶏・れんこん

丸鶏——1羽（2kg）
れんこん——2ふし（500g）
しょうが——大1かけ
玉ねぎ——2個
にんにく——1玉
松の実——大さじ4
落花生——1カップ（正味）
むかご——1カップ
粒黒こしょう——大さじ1
粗塩——適量
オリーブ油——適量

仕上げ
オリーブ油——少々
黒こしょう——少々

鶏肉は、血合いや白い脂をのぞいて流水で洗う。

後ろ足をたこ糸でしっかりと縛る。

れんこんと玉ねぎは、皮をむいてすりおろす。

にんにくは皮をむき、しょうがは皮ごと乱切りにする。

松の実は、半量をみじん切りにする。

落花生は、殻を割って熱湯に浸しておき、粗熱が取れたら薄皮をむく。

鶏肉が丸ごと入る鍋（かつ、大きすぎないもの）にれんこんと玉ねぎのすりおろし、にんにく、しょうが、松の実の全量、落花生、むかご、粒黒こしょうを入れ、鶏肉を入れた時に全体がつかるくらいの水を入れて沸かす。

鶏肉を入れ、オリーブ油を少々回しかけ、煮汁にほぼつかるように水加減する。

煮立ったら火を弱め、ふたをして蒸し煮にする。

時々、煮汁を鍋底から混ぜ、たこ糸でしばった部分を持って裏返す。

骨から簡単に身がほぐれるくらいに全体が柔らかく煮えたら、汁の味をみて塩味をととのえる。

器に汁と鶏をよそい、オリーブ油をかけ、粗く挽いた黒こしょうを散らす。

豚・レモン

豚肩ロースかたまり——600g
粗塩——大さじ1
無農薬レモン（国産）——1個
香味野菜——適量
（ねぎの青いところ、玉ねぎ、にんにく）

仕上げ
レモンの薄切り——4枚
レモンの葉——4枚

豚肉に粗塩をたっぷりとまぶし、レモンの薄切りをまんべんなくはりつけて袋に入れる。

一晩おいて冷蔵庫でなじませる。

豚肉より一回り大きい、オーブンに入れられる鍋（鋳物鍋など）に香味野菜を入れ、
水を豚肉がかぶるくらいに注いで沸かす。

レモンをはずした豚肉を入れ、あくを引いたら弱火にする。

香味野菜を肉にのせてふたをする。

160度のオーブンで1時間半焼く。

汁の味をみて、塩味をととのえる。

スープ皿にレモンの薄切りと葉を盛り、汁を漉し入れる。

肉は残っている熱いスープにひたして鍋のふたをしておき、
スープをのんでからメインディッシュとして食べる。

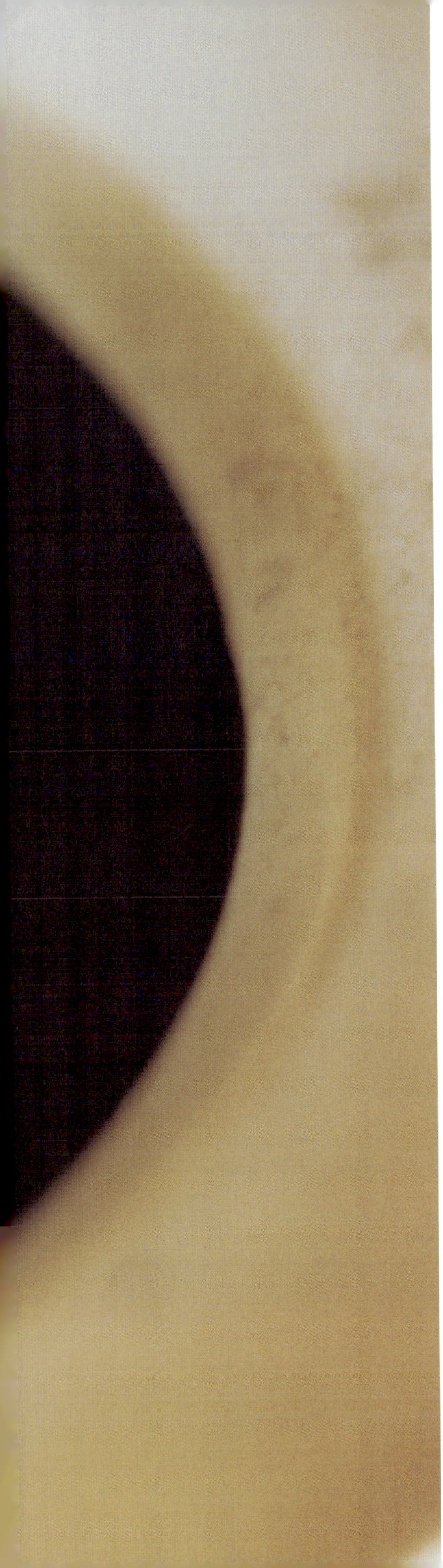

ココア・黒砂糖

ココア(香りのよいもの)――大さじ8
黒砂糖――大さじ6+仕上げ用適量
熱湯――400g
ブランデー(好みで)――適量
焼きメレンゲ――適量

鍋にココアと黒砂糖を入れ、
熱湯を少しずつ注いで中火にかける。
泡立て器で混ぜながら沸騰させ、
うっすらととろみがついたら
最後に好みでブランデーを加えて火を止める。
皿に注ぎ、焼きメレンゲを浮かべ、黒砂糖をふる。

焼きいも

さつまいも――――――400g(正味)
バター――――――40g
牛乳――――――200g
粗塩――――――適量
ナツメグ(ホール)――――適量
コンテ(熟成したもの)――――適量

さつまいもはなるべくふっくらと太ったものを選ぶ。

焚き火でさつまいもを焼く。

洗ったさつまいもを濡らした新聞紙で包み、さらにアルミホイルで包んでから熾火にうずめる。

大きさにもよるが、30分以上かけてじっくりと焼き、
外側から軽くにぎってみて、中までふんわりと柔らかくなっていたら取り出す。

粗熱が取れたら皮をむくが、皮の下にも焼き色がついていたら慎重に残しておく。

この焼けた香りで、スープの風味に奥行きが生まれる。

鍋に入れ、バターを加えてふたをし、弱火で蒸し炒めにする。

ふたを取り、鍋底にいもがはりつき始め、
甘く濃いキャラメルのような香りがしてくるまでへらで鍋底をこそげながら、
時間をかけてしっかりと火を通す。

そのまま食べてみて、強いこくのある甘みが出ていたら水400グラムを注いで煮立てる。

牛乳を加えてブレンダーでなめらかにする。

塩味をととのえ、弱火で鍋底からよく混ぜながら熱々にする。

器に盛り、ナツメグをすりおろし、さらにコンテをたっぷりとすりおろす。

ゆりね・牡蠣

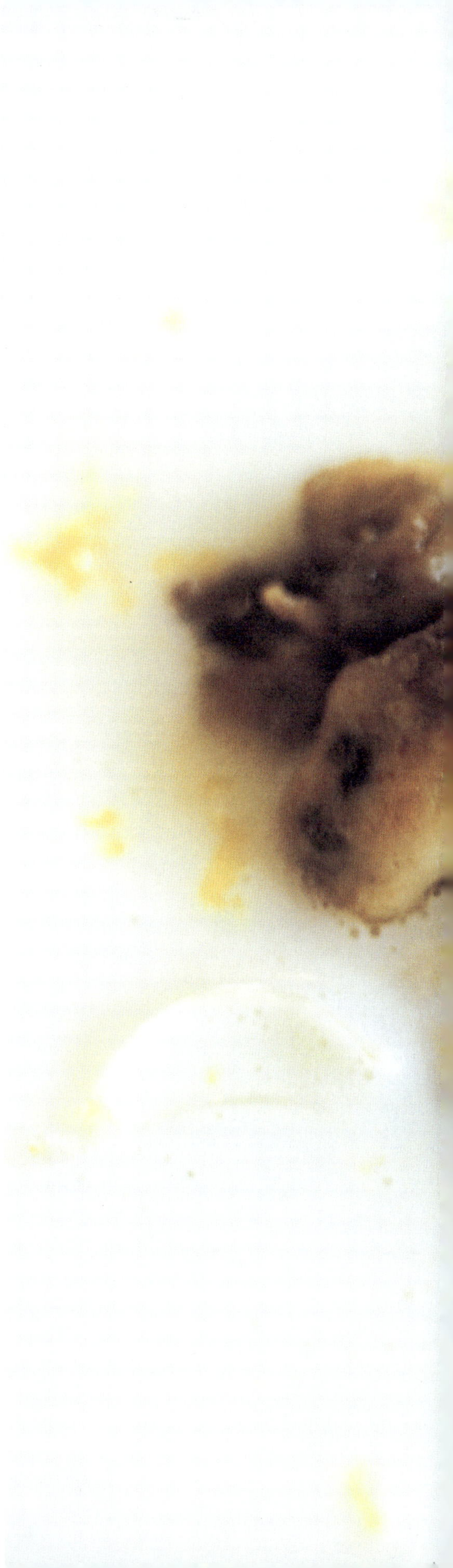

ゆりね――――――200g（大2個）
牡蠣（加熱用）――――約12〜20個（大きさによる）
バター――――――20g
粗塩――――――適量
牛乳――――――100g
小麦粉――――――適量
オリーブ油――――適量
柚子の皮――――――適量

牡蠣はざるに入れ、塩をたっぷりとふってざるごと揺する。

どろどろとした灰色の泡が出てきたら流水で洗い、つやつやの肌が現れたら、水気を切る。

キッチンペーパーを重ねた上に並べ、さらに上からもキッチンペーパーを重ねてのせ、
冷蔵庫に数時間入れて水分をしっかり抜く。

ゆりねは一枚ずつはがして洗い、冷水につけておく。

しばらくしたら、水の中で指の腹を使ってなでるようにして汚れを落とし、さらに流水で洗う。

表面の茶色いところは小さなナイフで削り取り、きれいにする。

鍋にざっと水気を切ったゆりねとバター、粗塩を入れてふたをし、弱火で蒸し炒めにする。

時々やさしく混ぜ、ほどよく火が通った小さいものだけを仕上げ用に取り出す。

残りに水300グラムを注いで煮立て、ブレンダーで撹拌して牛乳を加え混ぜる。

ほどよいとろみになるよう、必要に応じて煮詰め、塩味をととのえる。

牡蠣にまんべんなく小麦粉をまぶし、フライパンを熱して多めのオリーブ油で焼く。

焼き色がついたら裏返し、全体がこんがりするまでじっくりと焼く。

牡蠣が焼けるタイミングを見計らって、スープの鍋にふたをして弱火にかけ、
時々混ぜながら熱々にする。

スープを器に注ぎ、そっと牡蠣を盛る。

取っておいた小さなゆりねを花びらのように散らし、柚子の皮をすりおろす。

季節の野菜

栗——小20個（大10個）
玉ねぎ——2個
にんじん——2本
セロリの軸——2本
プチトマト——8個
原木しいたけ——8枚
里芋——4個
さつまいも——小1本
かぼちゃ——小¼個
カシューナッツ——20粒
ローリエ——2枚
オレガノ——2枝
オリーブ油——適量
粗塩——適量

栗は鍋に入れ、かぶるくらいの水を注いでふたをして火にかけ、蒸しゆでにする。

山栗などの小さいもので20分、大きいもので30分ほどゆでて火が通ったら、そのまま湯の中で冷ます。

栗はそのまま食べるのであればもっと長くゆでた方がいいが、この料理では煮崩れを防ぐために固めにしておく。

また、湯の中で冷ますことで、むいた時に崩れにくくなる。

皮をむいた玉ねぎ、にんじん、セロリを切る。

にんじんの皮は、食べられるものならばそのままにし、セロリの筋は取らなくてもよい。

いずれの野菜も、まな板の上できれいに切り揃えず、
ぎざぎざのペティナイフを使って空中で回し切りにするとよい。

野菜を切りながら大きな鋳物鍋に入れてオリーブ油を回しかける。

ふたをして中火にかけ、しゅーっと音がしてきたら粗塩をきつめにふる。

（たくさんの具と水分が入るので、加える粗塩の量は少し多いくらいがよい）

火を弱めてふたをし、蒸し炒めにする。時々鍋底からしっかりと混ぜてはふたをし、火を入れてゆく。

野菜に火がしっかり通って透きとおり、水分と油分が一体になってとろりとしたら、
香味野菜の味と香りの素が完成。この後、その他の材料と水を加えて煮込んでゆく。

丸のままのプチトマトと、石突きをのぞいて大きめに裂いたしいたけ、カシューナッツを加える。

里芋とさつまいもは、皮をむいて香味野菜と同様に切り、水にさらしてから加える。

かぼちゃは種をのぞき、皮ごとひと口大の乱切りにして加える。

水をかぶるくらいに注ぎ、ローリエとオレガノを加えてふたをして弱火で1時間ほど蒸し煮にする。

塩味をととのえ、すべての野菜が柔らかくなったら、ゆで栗の形をくずさないようにむいて加える。

さらに30分ほど弱火で蒸し煮にし、煮汁の味をみる。

野菜の旨味と甘みが口の中一杯に広がり、思わず溜息がもれたら火を止める。

数時間おいて味をなじませ、食べる前にごく弱火で煮立たない程度に温める。

ハーブをのぞいて器に盛り、オリーブ油を少々かける。

＊ミネストローネについて

季節ごとの野菜で作るミネストローネ。加える素材に決まりはないが、私なりの大切なルールは、決して動物性の旨味を加えないことだ。

動物性のだしを加えたり、味が出やすい肉の加工品などを入れると濃い旨味はつくが、その旨味は野菜の滋味を覆い隠してしまう。

野菜だけで驚くような味と香りを引き出す。これがこのスープ作りの一番の要だ。

そのために、香味野菜をじっくりと蒸し炒めにして〝味と香りの素〟を作り、
また、素材の取り合わせ方を考えて、煮込んだ時に甘みや心地よいとろみが出るように工夫する。

野菜の切り方も大切で、まな板の上できれいに切り揃えるのではなく、刃の部分がぎざぎざのペティナイフで空中切りをすると、味のなじみがよくなる。

空中切りは、利き手でナイフを、もう一方の手で野菜を持ち、向こう側から手前に刃を動かして切る方法だ。

慣れるまでは難しいが、まな板も使わなくてすむし、何よりも料理が大らかな感じに仕上がるので、ぜひ試してほしい。

ヨーロッパの田舎のお母さんたちが作るような、温かな雰囲気のスープの他、乱切り野菜のサラダや煮込みにも活用できる。

目安までにレシピには分量を書いているが、これにとらわれず作る人がその時あるもので作ればよいと思う。

ただ、びっくりするほどたくさん食べられるので、大鍋いっぱいに作っておいたほうが後悔がないだろう。

また、しっかり冷ましてから再び温め直すことも忘れないように。できたてがおいしいスープもあれば、待つことでおいしくなるスープもある。

そう考えると、時間もひとつの大切な材料である。

スープの温度は、基本的にはこのような具沢山の野菜のスープは、火傷するくらい熱々よりも、舌にやさしい温かさの方がよりおいしく感じる。

あとは、その日の気温や食べる人の好みや体調に合わせて、柔軟に変えればよいだろう。

菜花・小麦粉

生地
小麦粉（石臼挽きの地粉が理想的）――80g
水――約40g

スープ
菜花（ここでは青梗菜、水菜、大根、山東菜）
新玉ねぎの葉
粗塩
＊各適量

仕上げ
オリーブ油――少々

生地をこねる。

小麦粉を山にして真ん中をくぼませ、水を加えながら混ぜる。

ひとまとめにしたら、木の台の上に移して表面がなめらかになるまでしっかりとこねる。

ボウルをかぶせて30分ほどおく。

菜花は洗い、たっぷりの冷水につけて生き生きとさせる。

花やつぼみ、柔らかそうな葉と、固い葉や軸と分けておく。

菜花の軸、固い葉、新玉ねぎの葉をたっぷり鍋に入れ、かぶるくらいの水を注いで中火にかける。

粗塩を加え、やさしく沸騰させながら煮る。

すべての野菜の芯が完全に透き通ってきたら、汁の味をみる。

水っぽさや、青臭さを感じなくなり、生々しい野菜のにおいが消え、
心地よい甘みと香りが口の中に広がったら、キッチンペーパーを敷いたざるで漉す。

漉した汁を再び煮立て、生地を小さく薄くちぎりながら加える。

すべての生地を入れたらしばらく煮て、ほどよい固さになったところで
取り分けておいた菜花の花やつぼみ、柔らかそうな葉を加えてさっと火を通す。

菜花の色が鮮やかになったらすぐに火を止め、器に盛る。

香りのよいオリーブ油を少々かける。

たけのこ・チーズ・卵

たけのこ――中1本(正味200g)
バター――40g
塩――少々
チーズ――正味200g
(風味のやさしいウォッシュチーズ、
セミハードチーズ、白かびチーズなど)
生クリーム(乳脂肪分35%)――400g
牛乳――200g
卵黄――4個
パルミジャーノ・レッジャーノ――適量
黒こしょう――適量

下ゆでしたたけのこは皮をむき、縦半分に切る。
繊維に逆らってごく薄切りにして鍋に入れ、
バターと塩を加えてふたをして蒸し炒めにする。
バターの香りが十分になじんだら火を止めておく。
チーズは皮があればのぞき、
溶けやすい厚みに切って別の鍋に入れる。
生クリームと牛乳を加えて中弱火にかけ、
へらでよく混ぜながらチーズが溶けるまで煮る。
温めた器に熱々のたけのこを盛り、
中央をくぼませて、卵黄をこわさないように落とす。
まわりに静かにチーズのスープを注ぐ。
パルミジャーノ・レッジャーノをすりおろし、
黒こしょうを挽く。

ほうれん草・カレー粉

ほうれん草——250g
玉ねぎ——1個
にんにく——1かけ
しょうが——1かけ
カレー粉（香りのよいもの）——小さじ1
生クリーム——150g
牛乳——400g
オリーブ油——適量
粗塩——適量

早春野菜の蒸し煮
プティヴェール、スティックセニョール、祝蕾
オリーブ油
粗塩
＊すべて適量

ほうれん草は、1本ずつ根からはずし、根元の泥をしっかりと洗ってから冷水につけておく。しばらくしたらざるに上げ、汚れた水をこぼしてまたきれいな水につけ、汚れが取れるまで水をかえることを繰り返す。

玉ねぎ、にんにく、しょうがは皮をむき、みじん切りにする。

鍋にオリーブ油と刻んだ野菜を入れてふたをし、中火にかける。

音がしてきたらひと混ぜして火を弱め、蒸し炒めにする。

しんなりとしてきたらカレー粉を加え、さらに濃い香りが立つまで火を通す。

水気を切ったほうれん草を入れてふたをする。

柔らかくなったら、生クリームと牛乳を加えてひと煮立ちさせる。

ブレンダーでなめらかに攪拌して、塩味をととのえる。

早春野菜の蒸し煮を作る。

野菜は洗って冷水につけておき、水をざっと切って鍋に入れる。

オリーブ油を回しかけ、粗塩をふる。ふたをして中強火にかけ、野菜の色が青々として、ほどよい歯ごたえになったら火を止める。

蒸し煮のできあがるタイミングに合わせて、スープを熱々にしておき、スープの中心に熱々の蒸し煮の野菜を盛る。

＊ほうれん草は、冬の終わり頃に出回る、葉が分厚く葉脈も軸もしっかりとしたちぢみほうれん草であればなおよい。
時期を同じくして市場に顔を出し始める、早春の野菜を青々と蒸し煮にしてのせれば、折り重なる緑の濃淡に、思わずうっとりとしてしまう。

カレー粉は、なるべく香り豊かなものを選ぶ。香りが物足りない時は、コリアンダーパウダーやクミンパウダーなどを好みで加えるとよい。

あさり・麦・セロリ

あさり――――――60個
香味野菜――――――適量
（葉にんにく、玉ねぎの葉、しょうが、セロリの葉、セロリの筋など）
押し麦――――――½カップ
セロリ――――――2〜4本（長さ、太さによる）
黒こしょう――――――適量
塩――――――適量

仕上げ
セロリの葉――――――1〜2本分
黒こしょう――――――適量
スープセロリの葉（あれば）――――適量

あさりは砂出ししてよく洗い、鍋に入れる。

香味野菜を適当に加え、粒黒こしょう、かぶるくらいの水を入れてふたをし、強火にかける。

煮立ったらすぐにふたを取り、口が開いたあさりから順に取り出す。

香味野菜を入れたまましばらく煮立て、あくをしっかりと引く。

キッチンペーパーを敷いた網で漉し、味をみて塩を加え、再び煮立てる。

押し麦を洗って加え、4分ほど中火で煮る。

その間もあくをこまめに引く。

セロリを小さなさいの目に切って加え、さっと煮る。

押し麦とセロリがほどよい歯ごたえになったら、あさりを戻し入れ、塩味をととのえて煮立てる。

温めた器にセロリの葉のみじん切りを入れ、そこに熱々の汁と具を盛る。

黒こしょうを挽き、スープセロリの葉をちぎって散らす。

鯛のあら・ナッツ・ハーブ

鯛のあら――1尾分
玉ねぎの葉――200g
葉にんにく――2本
オリーブ油――適量
唐辛子(青)――1本
シナモンスティック――ひとかけら
粗塩――適量

緑の素
ハーブ――たっぷりひとつかみ
(コリアンダー、イタリアンパセリ、ディル、フェンネル)
アーモンド――40g
ピスタチオ――20g
粗塩――適量

鯛のあらは流水でよく洗い、さっと熱湯にくぐらせてからざるに上げる。うろこや血合いをしっかりと除いてから、流水でさらに丁寧に洗う。

緑の素を作る。

アーモンドとピスタチオは、熱湯をかけて冷めるまでおき、皮をむく。ハーブは枝ごとざく切りにし、ナッツ、粗塩とともにフードプロセッサーで挽き、水をひたひたに注いで、なめらかになるまで攪拌する。

鯛のあらよりも一回り大きい鍋に玉ねぎの葉と葉にんにくを刻んで入れ、オリーブ油をたっぷりと回しかける。ふたをして蒸し炒めにし、しんなりしたら、唐辛子、シナモンスティック、粗塩を入れ、さらに火を通す。

玉ねぎの葉が完全に透き通り、くたくたになったら、鯛のあらが隠れるくらいの量の水を注いで煮立てる。

鯛のあらを入れ、強火であくを引きながら煮る。

表面が少し出ている時は、むやみに水分を足さず、お玉で煮汁を表面にかけながら煮る。

鯛の目の色が変わったら汁の味をみて、十分に鯛の旨味が出ていたら緑の素を加える。

再沸騰したら味をみて、ナッツのこくが出ていたら火を止める。

熱々にオリーブ油を少々回しかける。

essays

新にんじん

若鶏のローストとミックスベジタブル。

小学校の給食で、何かのお祝い事などの時に決まって出される献立が、私は大の苦手だった。デザートに登場するショートケーキも紅茶も、生クリーム・スポンジケーキ・カフェインが大敵だった私には、何から何まで歓迎できないものばかり。いつにも増して食べる速度が遅くなり、気がつけば給食室からは一人減り、二人減り、自分の周りには、食べ終わった子供たちの座っていた丸いすが、テーブルの上にひっくり返してのせられてゆく。黒い鉄製の脚がにょきにょきと聳え立つ中で、思わず涙目になり、ただでさえ気の進まない料理を流し込むのは、拷問のような時間だった。

ミックスベジタブルは、四角く切ってゆでたにんじん、グリーンピース、とうもろこしをバターで炒めたものだったと思う。当然ながら冷凍品だった野菜は、本来の味を失っていて、ただ彩りだけで子供心を誘おうとする、味気のないつけあわせに過ぎなかった。この色とりどりの野菜を口に入れただけで私は気分が悪くなり、遠い目をしながら無理をして野菜の粒を口に放り込んだ。

しかし、居残りが多い方ではあったが、給食は決して嫌いではなかった。生徒たちが揃いのギンガムチェックのエプロンをつけて、動物の絵がほどこされたカトラリーセットとマグカップを持ち、地下の給食室に一列に並んでぞろぞろと入って行く時間は、楽しみでもあったのだ。缶詰のみかん入りサラダの汁が染みた「揚げパン」や、こくをつけるためにパン用のバターを落として食べる「すき焼き風煮込み」、ごまが一杯まぶしてある「クネッケ」に小さな袋からにょろにょろと絞り出すピーナッツバターの相性のよさ。担任の先生が「スパゲッティミートソース」につけあわせの千切りキャベツをぐちゃぐちゃに混ぜて食べていた様子や、バターのおかわりに率先して手を挙げ、金色の包みを開けて溶けかけたバターをそのままぺろりと飲み込んでしまう同級生の姿など、給食は味うんぬんよりも、その独特の組み合わせや、奇妙な風景によって、いまだに目にも心にも焼き付いている。

にんじんにまつわるエピソードを考えていたらこんなことを思い出してしまった。しかし私は子供の時から特ににんじん嫌いというわけではなく、いまやカレーライスの具はにんじんだけでもいいくらいだし、断然好きな食材の一つなのだ。しかし、記憶を遡ってみると、あのミックスベジタブルのおぞましい味だけがぽっかりと浮かんできたのである。人に嫌いな食べ物をたずねると、「にんじんのグラッセ」という答えが返ってくることが多いが、ミックスベジタブルもグラッセも、にんじん本来の甘さや香りを無視して、安易に彩りや甘さを強調しようとするからいけないんだと思う。

「にんじんのナムル」や、オーブンで丸ごとくずれるほどに焼いたにんじん、真っ赤な金時にんじんで作る「にんじんのスパゲッティ」など、手間をかけ、にんじんの個性を存分に引き出すことができれば、にんじんは十分に主役になりうる。お皿のはしっこで申し訳程度に盛られるつけあわせではなく、どーんとにんじんだけで勝負されたら、きっと誰だってにんじん好きになるはずである。

新にんじんは、その特別な甘みと香り、みずみずしさを生かしてなめらかなスープにする。にんじんだけで作っても十分おいしいが、隠し味を探るのもまた楽しみの一つである。私は新しょうがとプチトマトを忍ばせたり、シナモンをほんのりと効かせるのが気に入っているが、間引きにんじんが手に入る幸福に恵まれたら、迷わず油で蒸し焼きにし、葉っぱはソースにする。見た目はにんじんそのもの、しかし、ひとたび口に含むと折り重なる甘みや香りや酸味が脳天に突き刺さる、本当に素晴らしいスープだ。

給食室に取り残されていた、小学生の私に食べさせてあげたら、何て言うだろう？　少なくとも、ふてくされた顔は消えて、黙々と小さな口をスープで一杯にするにちがいない。そして、娘がするように、まあるい笑顔で「おいしい！」と呟いてくれたら、こんなにうれしいことはない。

トマトの種

母は必ずトマトの皮をむいた。

冷やしたトマトの皮をむき、薄切りにして形のまま皿に盛る。塩をぱっぱっぱっ、とかけてもらって食べるトマトは、私が物心ついた時から、今に至るまで一番好きな食べ物だ。だから、初夏になってトマトがおいしくなってくると、台所の木鉢はいつもトマトで一杯にしておく。私はトマトは冷やさず、皮もむかずに乱切りにする。トマトをずっと食べ続けてきて、辿り着いた食べ方だ。

ところで、子供の頃の私だけの特製料理が「トマトごはん」だった。くだんのトマトを熱々のごはんにのせて食べる。ただそれだけのことだが、舌の上でぷるん、とした冷たい種が米粒を包むのがこたえられず、家族に白い目を向けられながらも、私はトマトをせっせとごはんの上にのせては食べ、「トマトってどうしてこんなにおいしいんだろう?」とよく考えたものだ。答えはすぐに見つかった。「種」だ。酸味の利いた、ぷるぷるで粒々の独特の食感こそが、トマトの魅力だった。母はトマトを薄く切ったので、よく種がお皿に流れ出していたのだが、それも残さずすくい取って食べた。全部種だったらいいのに……と何度思ったことだろう。

しかし、トマトの魅力は種だけではなかったのである。

フィレンツェでアパート暮らしを始めた時、初めて自分の台所をもち、毎日嬉々として市場で食材を買ってきては料理をしていたが、そんな折に出会ったのが細長いトマトだった。水煮缶のラベルでは見慣れていたし、市場でもいつも山盛りに積まれていたが、自分で料理をしたことはなかった。せっかくだから、今日はこの細長いトマトを食べてみよう。そしていざ家に帰って縦半分に切ってみると……大事な種がほとんどないではないか! 私は驚いたと同時に半ば憤慨して、罪のないトマトに腹を立てた。種のないトマトは、生でサラダにしてみると、あの種のつるん、がなくてどこか間の抜けた感じでがっかりした。が、火を通すと一転、余計な水分が出ないのでかえって向いている料理も多々あることを知ったのは大きな収穫だった。

他にも、「牛のハート」という名前の、ずんぐりしてひだひだのあるトマト、固い皮に守られているため、吊るしておけば冬まで腐らずにおいしく食べられるミニトマト、彼の国ではいろいろなトマトに出会った。その食べ方も様々で、生で冷やして塩をふる以外に知らなかった私は、トマト好きを語るにはまだまだ早いと沈黙した。

各地のお母さんが、それぞれの経験やこだわりで作るトマトソース。冷房もなく、湿気の中を泳いでいるようだったフィレンツェの夏に、毎日飽きずに作り続けた火を通さないトマトのパスタ。料理学校の授業が息苦しくて、学校を抜け出してはひとり通いつめた矮小な食堂で、偏屈な女主人が作る焼きトマト。お城の厨房で食べた、トマトの切り口ににんにくの切り口をたんねんにこすって香りをつけるトマトのサラダ。そして、一点の赤みもない緑色のトマトだけを選んで作る子牛のグリーントマト煮。

トマトには、他の野菜にはない魔力のようなものがあるのだろう。そして、そこから果てしない物語が生まれてゆくのだ。私にとっては、幼い頃にごはんにからめ、皿を舐めるほど好きだったトマトの種こそが、自分をより広い世界へと導いてくれた原点だったのかもしれない。

グリーンピース・ペパーミント・バター

その日、いつものように彼女と買い物をすませ、スーパーマーケットの扉をあけると、道端に軽トラックが止まっていた。荷台には山ほどグリーンピースが積まれている。こんな光景は、その田舎町に暮らすようになってから、野原で摘んだ菜花の蕾、海から持ち帰った雲丹、オリーブ畑で丹念に採取したかたつむりなど、ありとあらゆる食べ物が同様にして売られているのを見慣れていたので、「ああ、またか」という程度に横目で眺めて私は通り過ぎようとした。

「グリーンピース　〇〇〇〇リラ」と段ボールの切れ端に殴り書きした値札には、例に漏れずタダ同然の値段が書かれていたが、その辺りの物価の安さにも慣れてきたところだったので、驚くことはない。両手に提げた買い物袋の重みを感じながら、私は眼を輝かせ、乗り出して眺めている彼女のことをじっと待っていた。

「ほら、ごらん」と豆売りの男が試しにむいて見せてくれたさやには、陽に透けるほど皮が薄く、若々しい緑色をした、小指の爪よりも小さな豆が所狭しと詰まっている。彼女は驚喜し、早速ビニールの手提げ袋にパンパンに詰めてもらって、ようやく私たちは家路についた。

そして、いつものようにパスタを食べ、野菜料理に舌鼓を打ち、さあ果物でも食べようかと思ったその瞬間、食卓の中心にはあのグリーンピースがどさりとさやのまま無造作に置かれた。

「え？　生？　しかもさやごと？！」予想外の展開に我が目を疑ったが、家族みなおもむろにさやを手に取り、小気味好い音を立てて、しゅるるっと筋を取る。そして、小さな小さな豆が顔を出すと、豆一列を片手でつかみ取り、やおら大口をあけて一斉に中に放り込み、口一杯に頬張っているではないか。呆然とする私にようやく気がついたお母さんが、「アイも食べて！」と促してくれたが、私は神妙に一粒を口に運んでみて目を丸くした。「甘い！」驚く私をものともせず、むしゃむしゃと豆を食べ続ける家族を前に、私も負けじと豆一列を口に放り込んだ。

豆ごはんや炒飯、崩れるほどに柔らかく煮たパスタのソースや肉の煮込みのお供などには見慣れたグリーンピースを、生で食べるだなんて考えたこともなかったが、そんな驚きよりもこれは角砂糖を齧っているんじゃないかと思うくらいの甘さとみずみずしさに、何よりも口の中が驚いていた。

これに匹敵するほど柔らかく、甘いグリーンピースにはそれ以来出会っていないが、親友がグリーンピースのミントバターソテーなるものを作ってくれたのがたいそう気に入って、私はまだ若い柔らかな豆を手に入れると、その青々とした組み合わせを楽しむようになった。若いそら豆や細いアスパラガスも同じくミントバターと相性のよい組み合わせである。春先の青い野菜の香りと、同じ頃いっせいに若葉を芽吹き始めるペパーミントは、ただ炒めるだけはもちろんのこと、パスタのソースにしたり卵と混ぜてフリッタータにしても、わくわくするような香りのハーモニーを奏でてくれるのだ。

ミントの香りを纏ってしっとりと煮えた青い豆たちは、口の中で炸裂して、春が訪れた幸せを改めて感じさせてくれる。しかし、塩すらつけずに黙々と食べた、あの若い味と香りに匹敵する豆には、もう出会うことはないだろう。

メロン

メロンの固い皮は、メロンを食べるための最高の器だ。

中くらいのメロンであれば、半分に切って独り占めしたい。種のまわりの甘い汁も余すところなく味わいたいから、くし形に切ったり、小さく切ったりせず、「器」の中からメロンのおいしさを一滴もこぼすことなく食べたいと思う。

昨今はマスクメロンでなくても、おいしくて気軽に食べられるものが出回るようになったが、子供の頃は特別な日の果物だった。メロンは、貴いんだ。ありがたい果物なんだ。ずっとそう思っていた。

それが、シチリアで、採石場の石のようにごろごろと、無造作にトラックの荷台や歩道に積まれて売られているのを目にして愕然とした。メロンに限らず、野菜も果物も何でもこんな感じで売られていたけれど、あのメロンが、しかも信じられないような安い値段で！

それ以来、メロンを食べることは贅沢ではなくなり、小さなものであればひとりで全部食べるのだって許される気がしている。

小さなメロンのへたの部分をふたになるように切り、種を取って汁だけを漉して戻したところに、ちょっとアクセントになる何かを入れるのも、「メロンの器」ならではの食べ方だと思う。ブランデーをきかせたホイップクリーム、ミントやレモンバームで作るハーブシロップ、タピオカを混ぜた甘いココナッツミルク、新しょうがのみじん切りとオリーブ油に粗塩……。ほどよく熟れたメロンを、真ん中からスプーンですくいながら食べ進めると、メロンのジュースと混じり合って、同じ材料をお皿の中で混ぜるのとはひと味ちがうおいしさだ。

また、さまざまな種類を食べ比べるのも楽しみの一つ。白、緑、赤、果肉の色のちがい、同じ色でも異なる食感や香り。こんな贅沢が許されるようになるなんて、昔の人は想像もしなかっただろう。

たいていの果物は、そのままで何も加えずとも完璧だ。なのに、あえてその形を切り刻み、味や香りを加えてさらなる未知の世界を目指そうとする人間というのは、なんて貪欲なのだろうと思う。貪欲ゆえに生まれる新たな味と、素材そのものがもつ味と、どちらを選ぶかと言われたら、私は断然後者を選ぶけれど、その中間くらいの手の加え方は、たまには悪くはない気がしている。

それが、〝メロンの器〟活用術であり、混じりけなしのメロンジュースのグラデーションでもある。

もともと完璧なものは、多少の色を添えたとしても、その真価をいかんなく発揮するところは、果物も人間も同じなのかもしれない。

新じゃがいも・新玉ねぎ・トマト

小さな子供たちに思いつくままに野菜の名前を挙げてもらうとしたら？

「じゃがいも！」「玉ねぎ！」「トマト！」きっと彼らの多くが、この三つの野菜のいずれかを口にするだろう。

季節を問わず八百屋に並び、たいていの家庭にある野菜。でも、同時に、いつでもどこにでもあるからこそ、時期によって劇的に変化をするものなのかもしれない。

軽くこするように洗えば自然と皮が剥がれ落ちるような、小さなじゃがいも。中の白い肌が透けて見える、泥つきの柔らかな玉ねぎ。包丁を入れた時に芯までしっかりと赤いトマト。毎日料理をしていると、素材の表情、肌触り、香りなど、小さいけれど確実なちがいに気づくことがある。

そんな時にまず作りたくなるのは、家族みなが好きなじゃがいものコロッケであったり、乱切りにしたトマトと透けるほどに薄く切った玉ねぎを、油と酢と塩であえるだけのサラダであったり、さして風変わりなものではない。ただ、この三つの野菜の限られた時期の魅力を、一つの皿に集めるとしたら？　そんな冒険心がちらりと心をよぎる。

こんなに愛らしい姿かたちは、春先だけのもの。だとしたら、それらを精一杯に生かしたい。同じ頃、台所の外のハーブ畑では、柔らかな香りよい葉が心地よさそうに太陽の光を浴びている。

たいてい、素材を眺めていると料理が浮かんでくる。ぼんやりとしたイメージは、素材を手につかみ、鼻の穴にこすりつけ、様々な記憶をたぐり寄せているうちに、明確な一つの形になる。そして、これ以上のものはない、と思う料理がたとえ出来上がったとしても、時が経って記憶が薄れ、また、さらなるアイディアが浮かんでよりよい料理へと生まれ変わることもある。

この料理を初めて作った時は、鍋をごく弱い火にかけて、煮くずれしないように細心の注意をはらったが、後にオーブンで〝蒸し焼き〟にする方法を試してみたら、これが素晴らしかった。これ以上の調理法はないと思ったので、追記しておく。野菜の下ごしらえと仕上げの部分はレシピと同じである。ただし、オーブンの種類や野菜の大きさによって、加熱の温度と時間は変わってくる。野菜が煮くずれせず、かつ芯までしっかり火が通る塩梅を目指したい。

鋳物鍋に新じゃがいもを重ねないように並べる。
新玉ねぎを切り口を上にしてのせる。
オリーブ油をひとすじ回しかけ、粗塩をふり、香りの落としぶたをのせる。
水を鍋底２センチほど注ぎ、ふたをして中火にかける。
一煮立ちしたら、２２０度のオーブンで15分蒸し焼きにする。
トマトを入れて３分たったら火を止め、そのまま余熱におく。

一年がめぐり、また新じゃがいもや新玉ねぎが出回る頃、私はこのスープのことを想うだろう。そして、冬の間我慢していたトマトが赤く、瑞々しくなり始めたら、きっと居ても立ってもいられなくなる。柔らかな光が差す庭先にテーブルを出し、煮えた野菜が静かに眠る鍋を運ぶ。ふたを開けた時に立ち上る湯気の中に混じり合う香りと、そこに鼻を近づけて恍惚とする一同の顔。食べる瞬間までの時間がここまで楽しみなスープもそうないかもしれない。

すいか・ホワイトラム

昔、時々アルバイトをしていたバーで、夏になるとマスターがすいかのカクテルを飲ませてくれた。カウンターにはウィスキーの瓶がぎっしりと並んでおり、琥珀色の液体を湛えて渋く光るガラス瓶の塀の裏で、マスターがテンポよく果実をカクテルに変身させる様は格好よくて粋だった。

すいかのカクテルには小玉すいかを使う。マスターによれば小玉の方がジューシーでカクテルに向くそうだ。半分に切って果肉をスプーンですくい、洗濯用の糸くず取りネットに入れる。このネットの登場にはたまげたが、「目が細かいから透明感のある果汁が出るし、丈夫で何度も使えるのがいいんだよ」と男前の嗄れ声で言われると、この生活感丸出しの小道具も、どこか小粋にすら見えてきてしまう。一人分でこんなにたくさん？　というほどたっぷりの果肉をネットに入れたら、あとはごつごつとした骨太の手でぎゅうっと搾る。下からほとばしる淡い赤色の汁は、甘さと青さが入り混じった香りがして、微かに立ち上る匂いを嗅ぐだけでどきっとした。大きな氷を入れたグラスにつぎ、ホワイトラムをどぼどぼっと気前よく注いで混ぜると……。夜空にパッと花火が開いたような、そんな目の醒めるおいしさだった。

これなら真似できるなあと思ってさっそく家でも試してみる。しかし、おいしいことには違いないのだけれど、熟練と握力に欠けるせいか、マスターの作るカクテルのような感動がない。また、家の食卓で蝋燭を灯してムードを出して飲んでみたところで、暗闇に葉巻の匂いが立ちこめるあのバーの雰囲気には敵うはずがない。やっぱりこのカクテルは、あのカウンターで、マスターの手で搾らないとだめなんだなあ、とあっさり諦めて以来、作っていない。

すいかと言えば、思い出すのがトルコの旅だ。おばさんが長らくトルコの大学で教鞭をとっていたという友人のつてを辿って、中央アナトリアの小さな村に暮らす一家を訪ねた。お世話になったその家では、私の人生で最もたくさんのすいかを食べた。女性だけが集まってパンやチーズや野菜や果物やケーキを所狭しとテーブルに並べ、チャイを飲みながら賑やかに楽しむ朝食の会。昼下がり、ぶどう棚の下で長いテーブルを囲むやはり女ばかりのおしゃべりの集い。夜、友達や親戚や誰かしらがどこからともなく現れ、ようやく男性陣も加わっての、延々と続く団欒。トルコの人たちは、本当によく笑い、よくしゃべった。何を話しているかわからなくても、その屈託ない笑いの渦に巻き込まれるのは心底楽しくて、こちらまで自然と朗らかな気持ちになった。そして、どんなシーンにも、必ず登場したのがすいかだった。大きなすいかは、皮をはずして食べやすい大きさに切り、大皿にピラミッドのように積んで、来る人来る人にすすめる。私も例外ではなく、食べても食べても減らない量のすいかを無理して口に放り込みつつ、もうすいかはこの旅で一生分食べ尽くしたな、と思った。いつもそうなのかはわからないが、この家では、朝や昼やおやつはたっぷりいただいたが、夕飯の時間に食事をした記憶がない。唯一毎晩出てきたのは、すいかの山だった。大地の芯まで乾ききった土地で、瑞々しく甘いすいかはありがたいものではあったけれど、さすがにすいかばかりはきつくて、しまいにはほとんどがまん比べのようになって笑顔を引きつらせながら食べたのも、今ではいい思い出である。

滞在中、おいしい料理をたくさん習い、地元の食堂にも連れて行ってもらったが、あの旅を憶う時、真っ先に浮かんでくるのは、笑顔ですいかの大皿を抱えたお母さんの姿だ。そして、すいかは人と人の縁をつなぐ果実になるということを、その人は教えてくれた。

近頃は大きなすいかを買うことはめっきり少なくなったが、熊本はすいかがおいしい土地柄であり、毎年、すいか農園の方から立派なすいかをいただく口福にも恵まれている。もちろん、ほどよく冷やしてそのまま食べるのが一番だけれど、時にはみなで囲むこんなカクテルもいい。

気の置けない人たちと、一つのすいかを囲んであちらこちらからすくっては食べ、飲む。

暗がりで赤い光を放っていたあのカクテルと、トルコのすいかと。二つの記憶を折り重ねながら、ひんやりとした銀のスプーンですいかの実をざくり、とすくう瞬間。こめかみを伝う汗がすっと引き、苦手な夏も、捨てたもんではないなあ、と思うのである。

春キャベツ・レタス

一年を通してもっともよく作るのは、青い野菜を油で煮る料理だ。

鍋に野菜を入れる、というよりぎゅうっと詰め込んで、油をかけ、隠し味の唐辛子と香味野菜のかけらを入れる。ふたをして、あとは時々混ぜながらじんわりと火を通す。

「溺れ煮」と呼ばれる南イタリアの青菜料理に出会った時の衝撃は今も忘れられない。野菜を溺れるほどたくさんのオリーブ油で煮るものだが、その信じられないほどの油の量と、出来上がった料理の味には、心底驚いた。

まず、辺りに自生する菜花のつぼみと柔らかい葉だけを摘む。この時点で多くの葉っぱや茎の部分はよけられてしまう。シニョーラがせっせと柔らかなところだけを選り分けるのを眺めながら、まだ十分食べられそうなのに……と私は心の中で呟いた。これを鍋にパンパンに押し込み、赤唐辛子を一本、あさつきのような小さなねぎを一本、塩をぱらり、そしてあとはオリーブ油を延々と回しかける。「え？　まだ入れるの？」途中で不安になるほどだったが、もう十分すぎるほど入れたところで、ようやく彼女はふたをした。使い込んだ木べらでたまに混ぜる以外は、特に何をするわけでもない。そして、柔らかな野菜を煮るにしては随分な時間が経ち、鍋から独特の香りが立ち上ってきたところで、ようやく火を止めた。一体、鍋の中はどうなっているんだろう？

今か今かと待ちわびて、昼食時、やっとふたを開けた鍋には、本来の鮮やかな色が褪せ、かわりに渋い緑色の、どきりとするような濃い香りに包まれた、油でつやつやと光る野菜があった。鍋からあふれんばかりだった菜花は、鍋の半分よりも嵩が減ってくたくたになっている。お皿に盛りつけてもらうと、淡い緑色が染み出た油が皿中をおおい、それは変わり果てた野菜以上に強烈な光景だった。家族が食べるのをまねて、パンで油をぬぐい、そのパンでフォークですくった菜花を受けながら食べてみる。「……!!」想像をはるかに超えた味と香りに声も出なかった。

私がこの料理に出会ったイタリア半島のかかと辺りは、おいしい野菜の名産地であるが、昔から決して裕福な地域ではなく、料理も「貧しい料理」と評される野菜中心の料理が多くを占めてきた。お世話になっていた家族の食卓にも、キリスト教の戒律に添って金曜日に魚介を食べ、家長のリクエストで日曜日に肉を食べる以外、食卓には野菜と粉ものと、チーズと果物しか上らなかった。しかし、肉や魚以上に香り豊かな野菜があり、甘く香ばしい小麦粉で作るパンや手打ちパスタがあり、蜜のように甘い果物や、のどかに野原の草を食む牛や羊たちの濃い乳で作るチーズがあれば、これ以上何が必要だと言うんだろう？　だから、一度として物足りなさを感じたことはなく、むしろ野菜好きの私にとっては、まさに天国のような場所だった。

「貧しい料理」だなんてとんでもない！

この「溺れ煮」も、豊かとはいえなかったこの土地で、野の草とパンだけでもお腹が満たされるようにと作られてきた、先人の知恵が詰まった料理なのだろう。夕食は、ちょっと固くなったパンとこの溺れ煮、あとはトマトと野生のルーコラのサラダだけ、なんていうことも多かったが、毎日でもいいと思うくらい、それは私にとって非の打ちどころのない献立だった。

日本に帰ってきてからもしばらくは、「溺れ煮」を作った。本来は、菜花の蕾と柔らかな葉だけを摘んで作る、ある意味贅沢なものだ。しかし、辺りに菜花など生えていないので、八百屋の菜の花をせっせと買ってくるしかない。ゴムで束ねられ、紙で丁寧に包まれた菜の花は、縛られた跡が痛々しいが、冷たい水に放っておくと生き生きとして息を吹き返す。もともと大した量ではないから、もったいなくて茎や下の方の葉も一緒に鍋に入れて、最初の頃は教えてもらった通りに、ドクドクドクッとオリーブ油を注いで作っていた。が、作り続けるうちに、だんだんと油の量が少なくなっていったことに自分でも気がついた。

元来、健康志向ではないし、太るのを気にして何かを控えることはしないのだが、おそらく日本の風土に料理が自然と寄り添っていくのだろう。オイルをぬぐうパンの香りも食感も、向こうで食べていたものとはまったくちがう。日本でどんなにおいしいと言われるパン屋さんにも、同じようなパンはないのである。ああ、あの小麦の甘い香りに満ちた、心地よい弾力のパンよ！　あのパンを抱き枕にして眠りたいと思うほど、それはそれは素晴らしいパンだった。あのパンあってこその、溺れ煮でもあったのだ。

しかし、油の量こそ少なくなったが、驚くほどたくさんの野菜を油の魔力で、しかも中国料理のように強火で青々と炒めるのではなく、対極のやり方で変身させるこの料理の虜になったことにはちがいなかった。

さまざまな種類の菜花をはじめ、ブロッコリー、春キャベツ、小松菜、山東菜、かぶの葉、大根葉、白菜、冬キャベツなど、書いているだけでもそれぞれの野菜が油の中で煮えた香りが立ち上ってくる。九州に暮らすようになってからは、高菜やかつお菜などの出番も増えた。熊本のお雑煮には欠かせない京菜も、我が家ではこんな風に料理することも多い。芥子菜の菜花に至っては、春先には裏庭や散歩道の土手にいくらでも生えていて、蕾と柔らかな葉っぱだけを摘んで作る贅沢だって許されるようになったのだから、本当に夢みたいな話である。

そんなわけで、我が家では一年を通して、この野菜の油煮には飽きることがない。たっぷり野菜が食べたい、あるいはこの大量の野菜を一体どうやって減らそう？　あるいはかぶや大根の季節にどんどん葉っぱばかりがたまって困る、なんていう時のお助け料理の代表選手にもなっている。油を菜種油やごま油に変えれば、ごはんにも合うおかずになるし、合わせる香味野菜もねぎの青いところ、葉にんにくや玉ねぎの葉っぱなど、入れる量は少しだが、種類が変わるだけで料理の印象がだいぶちがってくるのも楽しい。

油の量が少なくなった分、煮汁がスープとして飲み干せるほどに軽やかになったのも発見だった。野菜は洗ってピンとするまで冷たい水につけておくが、野菜の表面に残った水分が煮ている間に野菜から出る水分と混じり合って、それはそれは素晴らしいスープに変わるのだ。その風味は、野菜それぞれで異なり、このスープのおいしさも、私が飽きずに野菜の油煮を作り続ける理由の一つである。

春キャベツは、生でサクサクとしたその歯触りを楽しむのもよいが、火を通した時の柔らかな歯触りと踊り出したくなるような軽やかな甘みも捨てがたい。ほんのりと苦く、シャキシャキした食感のレタスの類を加えれば、お互いの個性を刺激し合って、楽しい一皿になるような気がしている。

そして、何よりも好きなのは、緑という色の変化だ。鮮やかな緑、褪せた緑、そのどれもが私の心をぐっととらえて離さないのである。

赤い野菜・クミン

香りと喧噪に巻かれた一週間だった。

当時、フランスで暮らしていた友人と、イタリアで暮らしていた私とが、マラケシュで落ち合い、旅をすることになった。一週間の旅だったが、朝から晩まで本当によく色々なものを食べた。一粒ずつ丁寧に薄皮を剥いて作るひよこ豆のスープや、素焼きの壷でとろとろに煮込んだ牛の頭、昔ながらの竈で焼いた香り高き平パンなど、その土地ならではの味を求めて、迷路の町を嗅覚の赴くままにあてどもなく巡りながら、探し続けた。

そんな中で、そのさりげなさとは裏腹に強く脳裏に刻み込まれているのが、市場の一角で食べた「モロッコ風サラダ」だ。小さく刻まれたトマトときゅうりと玉ねぎとハーブが味つけされ、おつまみをのせるような小皿に盛られている。私はすっかりその様子に釘付けになり、また、一口食べてみて、ありふれた野菜のサラダが体験したことのない香りに包まれていることに驚いてしまった。「何が入っているの?」町を案内してくれていたマラケシュっ子の青年にたずねると、「クミンだよ」と言う。それまで、モロッコ料理は東京やパリの料理店くらいでしか食べたことがなかった私は、たった一種類のスパイスが放つ香りの魅惑に一瞬で囚われた。

その青年が、親友の家で、男二人で料理を振る舞ってくれることになった時も、クミンはその魔力をいかんなく発揮したのだった。一緒に招かれていた私の友人は、その日は朝から具合が悪くなって寝込んでしまい、結局、私だけが異国の青年の家を訪ねることになったのだが、緊張よりもどんな料理を作ってくれるんだろうと興味津々で、心躍る気持ちで古ぼけた家の扉をノックしたことを思い出す。屈託のない笑顔で迎えてくれた二人は、すでに料理の真っ最中。「おいでよ」と迎え入れてくれた台所には、質素なコンロと水道が備え付けてあるだけだったが、コンロの上の鍋からは、食欲をそそる匂いが立ち上っている。「君にどうしてもこれを食べさせてあげたくって」そう言って二人は肉団子を丸め、すでに蒸気を立ててくつくつと煮えているトマトソースに投げ入れ、ふたをしてしばらく煮たところで卵を割り入れた。間髪入れずに居間にしつらえた小さな台の上に運び、ふたを開けると……。「クミン！」そう、クミンが練り込まれた肉団子だった。半熟に煮えた卵とからめながら、薪の香りのするパンをちぎってソースと肉をすくって食べる。その日の献立はこれだけだったが、たくさんの料理が並ぶモロッコ流のご馳走に負けず劣らず、青年たちの料理はしっかりと記憶に刻まれている。

食事の後は、水煙草をみなで吸った。鮮やかな色つきのガラス瓶の先に長い管のようなものがついている道具が、水煙草を吸うものだということは知っていたが、それまで、実際に吸っている人をまじまじと見たことはなかった。普段から煙草を吸わない私が、誘いに乗って彼らの輪に加わってみることにしたのは、この道具は一体どうなっているんだろう？という単純な好奇心と、モロッコの若者たちの歓待を心行くまで味わいたいという気持ちからだった。実際に吸ってみると、想像していたような煙臭さはなく、選んでくれた花の香りの方が強くて、ふつうの煙草には抵抗がある私にも、意外とすっきりと楽しめたので拍子抜けしてしまった。何より、長いパイプを抱えて、みなで回し合って吸う、というのが楽しくて、誰かが吸うのを眺めながらのおしゃべりも心地いい。そこには、モロッコで店先に座ると必ず出してくれる熱いミントティーのもてなしとどこか共通するような、温かな時間の共有があって、私は夢見心地の時間を過ごした。「今は冬だからだめだけれど、次はきっと初夏においでよ。そうしたら砂漠に連れて行ってあげる。砂漠で見る星空はそれは素晴らしいんだ」そんな話を聞きながら、彼らの底知れぬ優しさに心がほどけた。

その後も、クミンを上手に使った料理にはたくさん出会った。「にんじんのクミン風味」のようなさりげない前菜から、クスクスやタジンの隠し味に至るまで、様々に活用されていた。青年のお母さんやお姉さんから料理を教えてもらう幸福にもあずかったが、そこでもクミンはしばしば登場したので、これはやはり買って帰って自分でも料理に使ってみようということになり、市場で探し求めた。いま思えばあの迷路に立ち並ぶ店の中に、立派な香辛料の店はいくらでもあっただろう。しかし、結局、私が選んだのは、迷路を抜けたところにある小さな広場で、埃っぽい地べたにスパイスの小袋を並べてぼんやりと商売をしていた老人の店だった。スパイスの名前が丁寧に書かれているわけでもなく、親切に説明をしてくれるわけでもない。歩けば物売りの少年に追いかけられるのに嫌気がさして、商売っ気のかけらもなさそうなこの老人に心をゆるしたのだろう。

私は習った料理を記したメモ帳を開き、スパイスの色や香りを思い出しながら、自分で料理を再現する時に使えそうなスパイスを半ば当てずっぽうで選んだ。旅から戻った後、すぐに友人を招いてモロッコ料理の夕べを開いたが、その時に作ったのは青年たちが教えてくれた「ケフタ」(肉団子)と「モロッコ風サラダ」だった。そして、みなの喜ぶ顔を見ながら、小袋の中身が想像していた通りのスパイスだったことに、ひそかに胸を撫で下ろした。

モロッコ風サラダは、トマトやきゅうりがおいしい時期になると今でも食べたくなる。入れる材料も、段々自己流になってきて、ある時ひらめいて赤い野菜ばかりで作ってみたら、クミンとの相性がいいことに気づいた。さらに、ある時手元にあった鬼おろしで同じ野菜をすりおろしてみたら、こんなスープが出来上がった。

夏の夕暮れ時、古い赤い刺繍の布を庭先に敷き、焼きたてのピタパンや、たくさんの前菜とともに楽しみたい。メインはケフタもいいけれど、羊肉にレモン塩とコリアンダーとにんにくをまぶして炭火でじっくり焼くのも悪くない。

私に香りの魔術をかけたマラケシュの旅は、時を経ても色褪せることはないだろう。

黄パプリカ・黄プチトマト

私が子供の頃は、パプリカも黄色いトマトもほとんど見ることはなかった。

それが、いまやそう珍しいものではない。赤いものと比べてみると、黄色い方が甘みという点では少しだけ勝っているように思う。そのせいか、娘はくったりするまで焼いた黄色いパプリカを物心ついた時からこよなく愛し、プチトマトも黄色ばかりを好んで食べる。

私も負けず劣らずのパプリカ好きで、色は何色でもかまわないが、二世代にわたってパプリカの虜である。

大学時代、ドイツの市場をそぞろ歩いていたら、相当な数の屋台で様々な種類のじゃがいもとともに、オランダ産の目にも鮮やかなパプリカを、うずたかく積んで売っていたのを見てとても驚いた。赤、黄、黒、緑、オレンジ……野菜というよりはおもちゃのような面持ちで、少し奇妙にすら感じた。当然、他の野菜も売られていたのだろうけれど、じゃがいもとパプリカしか記憶に残っていないほど、それらは圧倒的な存在感を放っていた。

そして、イタリアに渡ってからは、パプリカは決して作り物のように形の揃ったものばかりではないことを知った。ぐにゃりとひん曲がったもの、どこまでも大きくのびのびと育ったもの、ずんぐりと丸いものから、魔女の鼻のように細長くとがったものまで。そして色も絵の具の赤や黄色のようにはっきりとしたものとは限らず、ちょっと緑がかった赤や黄色などもある。やっぱりイタリアだなあ、とパプリカからもその大らかなお国柄を強く感じて、ほっとした。それからは、俄然パプリカに目覚めてしまった。

その甘くみずみずしい風味と、明るい色彩は、いかにも南イタリアの野菜のように思える。実際、南の地で数々の忘れがたいパプリカ料理に出会ったが、私が心からパプリカを愛するようになったのは、バーニャカウダのふるさと、ピエモンテである。

バーニャカウダは、食欲をそそるソースとともに、様々な野菜を生で、あるいは火を通して、様々に下ごしらえして食べる、野菜のごちそうだ。生粋の野菜好きの私にとっては、野菜だけで描かれる食卓というのがとても魅力的で、本場の味をどうしても体験したくて、看板料理にしているリストランテまで遠路はるばる出かけたものだ。瀟洒な食堂に通され、緊張してメニューを開くと、堂々とメインディッシュのところに書かれている。なるほど、これは前菜にして軽くお腹を満たすための料理ではないんだな。しかし、果たしてどんなふうにして運ばれてくるんだろう？　そして、目の前に現れたのは、素焼きの大きな鍋でふつふつと煮えるソースと、大皿にあふれんばかりに盛られた野菜だった。

その後、だいぶ経ってから縁あってピエモンテに暮らすようになり、働いていた店の厨房で、アンチョビを作るところからバーニャカウダ作りを学ぶことができた。また、翌日ににんにくの匂いを気にしなくてもよい長い休暇には、バーニャカウダの夕べも催された。オーナー一族と長い食卓を囲み、向かい合わせの人と小さな素焼きの鍋をはさんで、野菜やパンにつけて食べる。残ったソースの鍋には卵を落として半熟にし、パンでぬぐって一滴残らず食べることも教えてもらった。そして何よりも、集い、しゃべり、食べ、飲む。大勢で食卓を共に囲む意味を身にしみて感じたのも、得難い経験であった。

キクイモ、ゴッボ（アザミの一種）、オーブンで焼いたビーツや玉ねぎなど、バーニャカウダに欠かせない野菜はいろいろあるが、究極は、とろとろになるまでじっくりとオーブンで焼いたパプリカだった。大きな赤いパプリカを焼き、種を取って皿一杯に広げると、ちょっとステーキを思わせるような迫力がある。そうなってくると、本当に肉でも食べているかのような気持ちになるのだからおもしろい。

ここでは、厨房で料理をする以上に、シェフにくっついて市場へ買い出しに行くのが何よりもの楽しみだったが、そこにいつもパプリカだけを売っている農夫がいた。彼が作る「牛の角」と呼ばれる細長いパプリカは絶品で、私たちは見つけると大喜びで買って帰った。この「角」は、生でも焼いても炒めてもおいしいのだが、驚いたのがぶどうの搾りかすで酸っぱくなるまで漬けたものだった。ぶどう畑の中に暮らす彼らにとっては、ぶどうの搾りかすは米ぬかのようなものなのかもしれない。同じように搾りかすをまぶして熟成させたチーズと、このパプリカの漬け物とパンだけの質素な夕食は、グラスの中で黄金色に光っていた白ワインの香りとともに今も心の奥に残っている。

さて、パプリカを焼くには、直火で炙る方法と、オーブンで焼く方法があるが、このスープのように甘みや香りを極限まで引き出したい時は、断然オーブン焼きがいい。炙るよりもだいぶ時間がかかるが、その分、果肉の芯まで火が通り、ねっとりとして甘みも増す。

一方、実にほんのりと歯ごたえを残すには、皮目の方だけに強く火が通る炙り焼きにする。ハーブのソースをかけるだけでも洒落た前菜になり、赤いパプリカならいちごと一緒にマリネすると気が利いている。真っ赤なかつおと合わせるのも素敵だし、まわりだけをこんがりと炙った馬肉と一緒に、アンチョビのソースで食べるのも大好きな組み合わせだ。ああ、パプリカの料理を考え始めたら、止まらなくなってしまう。

夏、さっぱりとしたものが欲しくなる時期に、あえて生クリームを加えたこんなこくのあるスープもいいように思う。野菜の水分が凝縮するぎりぎりのところまで焼けば、スープというよりもムースのような食感になり、贅沢な感じがする。上からほんのひとつまみかける燻製パプリカも、このスープの陰の立役者だ。

貴族的な雰囲気のグラスに盛りつけて、うやうやしく銀のスプーンでひとすくい。ピエモンテの王様に出してあげたら喜ばれるかな……などと空想をめぐらせながら、パプリカの皮を真剣にむく時間はなかなかいいものである。

いちご・野いちご

ガラスが好きだ。

高校生の時のスイスの旅にはじまり、学生時代、夏は毎年ヨーロッパに出かけた。当時は見ること、食べることに徹し、買い物には興味がなかったので、行きも帰りも荷物の量が変わることはなかった。

しかし、大学を出てから旅をしたポルトガルでのあるガラスとの出会いが、私のガラス好き、古い物好きに火をつけた。世界遺産にもなっているバターリャの修道院を訪れた時のこと、そこで感じた興奮も冷めやらぬまま、足を踏み入れたのが旧市街の小さな古物商だった。古いものがもつ一種独特な匂いが漂い、狭い店内にこっくりとした色の家具や、使い込んだ銀製品、絵付けの皿などが静かに同居している様子に心を鷲掴みにされてしまった。まだ財布の中も潤沢ではなく、大きな買い物をすることには慣れていなかったが、勝手にこの町と古い物との縁を感じて何か買って帰りたい、と思って手に取ったのがぶどうの房を象ったようなリキュールグラスと、表面に粒々としたカッティングが施された香水瓶のようなものだった。瓶は口のところが欠けていたが、珍しい表情が気に入り、グラスとともに包んでもらって大切に持ち帰った。あれから二十年、どちらもいまも健在で、グラスの方はリキュールは飲まないが娘に牛乳を注いであげたり、瓶は花入として活躍している。

あの旅で口火を切った古い物への熱。その後の私の旅は、ヨーロッパに限らずどこへ行くにも古い物を探すことが大きな楽しみになっている。最初の頃はリキュールグラスばかり買い求めていたが、その後は陶製の壺、大鉢、ピューターの皿、銀食器、麻のシーツや刺繍のカーテンに至るまで、ありとあらゆるものを鞄に詰め込んでは持ち帰った。そして、それらを日々の暮しでとことん使い込むのが、また新たないのちを古い物に吹き込むことになるような気がして楽しいのである。

古い物の中でも、ガラスは割ってしまえば終わりという危うさがあって、私の手に渡るまで生きながらえてくれたことにまず敬意を表したくなる。また、古いグラスにしかない気高さは特別なもので、いつまでも眺めていたいと思わせる魅力がある。

そして、そうやって集まってきた時代物のガラスとともに、私のガラス好きに拍車をかけたのが、気泡をたっぷりと含んだグレーの吹きガラスのコップだった。

結婚してすぐに、山間のとある美しいお宅の台所で料理をすることになったのだが、その日の記念にと、食卓を囲んだ全員に会を主催したガラス作家が贈ってくれたものだ。

当時の私は、長く住み慣れた東京を離れ、訪れたこともなかった南の地で暮らすことに不安よりも希望を抱いていた。それでも、夫以外に心を解き放つことのできる人がまだ見つけられず、心のどこかでもがいていた時に、初めて出会う人たちのために料理をし、そしてその人たちの中に自分が求めていた何かを見つけることができた。

夫と私に贈られた二つのコップのうち一つは、娘が幼かった時に小さな手から滑り落ちて割れてしまったが、残された一つを、私はずっと大切に守ってゆきたいと思っている。

透明の世界で無数に弾けるガラスの泡は、光や水を抱いて煌めく。ガラスを通して食卓や壁に映し出される影にもまた、独特の美しさがある。その様をいつまでも見ていたいという思いが積もったのか、こんなスープを作るようになった。

特別な材料は何もない。ただ、新緑の頃、緑の茂みに艶々と輝く完熟の野いちごを見つけたら、ぜひ加えてみてほしい。〝野〟とつく果実や草には、人の手技を必要とせず、自然の恵みをいっぱいに受けて育ったもの独特の味や香りがあって、野いちごも例外ではない。

庭や裏山には、野いちごがたくさん自生している。四月に入り、野いちごの白くて薄い花びらが新緑の中で輝く様子は、華々しい桜の開花とは違う初々しさがあって、どきり、とする。次第に強くなる日差しのもと、段々とふくらみ、色づいてゆく実を眺めるのは、女の子が少女に育ってゆくのを見るような気持ちにも重なる。

幼い娘が蕗の葉をお皿にして熟れたいちごを摘む様子は、その小動物のような愛らしさに、思わず見入ってしまう。そして、彼女を授かり、共に暮らしてゆく喜びを強く感じると同時に、いつしか成長して、いちご以外のものを求めて駆け出して行くであろう未来を思うとどこか切ない気持ちにもなる。

きらきらとした泡を抱いたゼリーと、甘酸っぱい香りに満ちあふれたいちごを、吹きガラスのボウルによそってあげると、彼女の瞳はゼリーの煌めきよりも輝き、恍惚とした表情でひと匙、ひと匙をあどけない口元に運ぶ。その屈託のない笑顔と心からの歓声が、私にとっては何よりの報いになるのだということを、この春の一皿は教えてくれる。

晩柑・梅シロップ

今は木香薔薇が生い茂る食堂の窓の外に、小みかんの木を植えたことがある。植木屋から持ち帰った時にはすでにたくさんの実をつけていたこともあり、初めの年は豊作だった。子供の手のひらに収まるくらいの小さな橙色の実は、甘いだけではない、しっかりした酸味と鮮やかな香りがある。寒空の下、木の前に立ち止まっては猿のように実をもぎ、皮をむいてもぐもぐと食べるみかんは、暖かな部屋の中で食べるよりもずっと身にしみた。

その後、別の場所に植え替えて、知識もなく剪定をしたのが悪かったのか、少しずつ元気がなくなり、ついには屍となった。小みかんには本当に悪いことをしたが、それからも、私は庭のあちこちに柑橘の木を植えた。

橙や黄色の実が鈴なりになる様子も、台所の大鉢にどっさりと盛られた様子も、心に彩りを与えてくれる。この間は、薄暗い食堂の傍らにある葛籠《つづら》の上にも大きな木鉢を置き、ここにさまざまな柑橘をたっぷりと盛っている。薄明かりの中で映える暖色の柑橘は、中世の静物画のようでもある。

今でこそだいぶ食べる量が減ったが、東京で一人暮らしをしていた頃は冬から初夏にかけて、果物鉢の前を通ると一つ、また通るともう一つ、と食べていた。誰にも遠慮せずに、大鉢の柑橘を独り占めできるのは、一人暮らしを始めた時に一番うれしかったことかもしれない。

だが、熊本では、柑橘は一年を通して様々な種類が豊富に出回っており、以前ほどありがたみはなくなった。それでも、柑橘への思いが失せたわけではない。夏の終わりから市場に出回る緑のみかん、この初々しさもなかなか捨てがたい。次第に緑は橙色に変わり、冬を迎えると同時に本格的に始まる柑橘の季節。レモン、柚子、小みかん、スウィートスプリング、晩白柚《ばんぺいゆ》、はっさく、伊予柑、不知火《しらぬひ》、きんかん、文旦、パール柑、はるか、きよみ、甘夏……一つ終わればまた一つ、どんどん色々な種類が出てきて飽きることがない。

そして、最後に登場するのが晩柑だ。頭がすぼまり、おしりの方がずんぐりと広がった形は愛嬌があり、〝ジューシーフルーツ〟とも呼ばれるほど果汁したたる実の、淡くてどこかノーブルな味は、一度味わうと忘れられなくなる。五月に開花して実をつけ、その実がふっくらと膨らんでから越冬し、そのまま翌年まで木成りで熟成するという不思議な果実。つまり、初夏を過ぎる頃には、去年の完熟した実と今年の若々しい実が同時に木になるということだから、想像するだけでもなんだかうれしくなる。

この晩柑、むいていると手の間から汁がどんどんとたれてくるが、果肉と果汁を合わせて青梅のシロップを加え、凍る寸前まで冷やすと……。ほんのひと手間で、けだるい夏の暑さを忘れさせてくれる、素敵なデザートになる。

八月、しわしわになった晩柑がようやく終わりを告げる頃、また酸味たっぷりの青いみかんが現れる。我が家の柑橘がたくさんの実をつけてくれるのはまだ先になりそうだけれど、いつの日か、庭中に明るい光を灯してくれるだろう。

馬・しいたけ・きくらげ

馬肉には縁のない少女時代だった。

高校生の時、スキー旅行で信州を訪れた際に、はじめて馬刺なるものを食べたが、雪山で赤い生肉を食すことに軽い違和感を覚えたくらいで、味の方はさしたる癖もなく、意外と抵抗なく喉を通ったのを思い出す。

が、料理を学ぶためにしばらく逗留していた南イタリアのとある村での光景が、私の馬肉に対する欲を一気に掻き立てた。その店では、料理人と給仕と皿洗いは、厨房の長机を大勢で囲み、余り物のソースであえたパスタや、鶏の手羽ばっかりのローストなんかを食べるのが常だった。　そんなある日、若く美しいオーナー夫人が営業中に厨房にやって来て、一人の料理人に大声で何かを指図している。彼女が厨房に現れること自体が珍しく、何事だろうと思ってぼんやり眺めていると、しばらくして料理人が彼女の前に差し出したのは、お皿からあふれんばかりのこんがりと焼けた肉だった。「あれ、何?」別の料理人にこっそりたずねると、「子馬のティーボーンステーキだよ」と言う。「!?」子馬のステーキなるものは見るのも初めてだったが、それよりもステンレスの調理台の前に立ったまま、肉用のごついナイフでわしわしと切りながら、欲望むき出しで一人がつがつ食べる獣さながらの夫人の姿に、強い衝撃を覚えた。そして、みなが仕事をしている脇で、明らかに上等そうな肉を貪る彼女に嫌悪感を覚えながらも、こんがりと焼き色のついた肉汁の滴る馬肉のことが、気になって頭から離れなかった。

その後、休みの日にさっそく村の肉屋に出かけ、馬肉を生で食べたいからごく薄く切ってほしいと頼むと、「え? 生で食べるの?」と肉屋のおじさんにぎょっとされた。彼の地では日本のように馬肉を生で食べる習慣がないのである。結局、薄切りとは言いがたい中途半端な厚さにどうにか切ってもらった肉を、間借りしていたアパートの小さな台所で半生に炙って食べたが、安物のフライパンで慣れない手つきで焼いた味は、大きな感動をもたらすことはなかった。

以来、あの骨つき肉の赤い断面と食欲をそそる焼き色に私は恋焦がれた。馬のステーキ、一体どんな味がするんだろう? そんな思いを募らせながら、しばらくして引っ越した先の別の南イタリアの町で出会ったのが、なんと馬肉の炭火焼専門の屋台であった。当時の研修先であった厨房のボスが、仕事の終わる深夜に(いつも〇時はとうにまわっていた)「アイー? 馬を食べにいくか?」と尋ねる。(彼はその土地の訛り丸出しの喋り方で、私の名前をいつも尻上がりで呼んだ)馬! 馬!! どれだけ私の心は高鳴ったことだろう。

場所は、昼間は魚市場で賑わう一角。日中の喧噪など感じさせない暗闇の中で、その屋台はもうもうと煙を上げていた。深夜だというのに人でごった返しており、中には明らかに幼稚園児くらいの子供たちの姿まであるのだから、この町の宵っ張りには度肝を抜かれる。店の前ではアルバニア移民の若者が、簡素な鉄のグリルに炭をくべ、次々と客の注文を受けていた。私も負けじと大勢の客の前に陣取り、馬のステーキあるいは馬のハンバーグを「皿盛り」にしてもらう。と、焼きたての肉に、洗面器に注がれたワインビネガーをオレガノの枝を刷毛がわりにして一塗りし、塩をふって分厚い白い皿にどん、と盛られる。肉の脂を爽やかなオレガノの香りと強いビネガーの酸が溶かし、皿からはみ出すほど巨大な肉の塊はあれよあれよと私の胃の腑に収まった。私はいつも「皿盛り」を好んだが、「パニーニ」という注文の仕方もあって、一度だけ頼んでみたら、その土地独特の硬質小麦の粉で焼いた芳しいパンを肉の脇であぶり、おまけにねっとりと香ばしく焼けたなすのマリネまで一緒にはさんでくれて、これもまた素晴らしい一品であった。あの、バロックの町で暮らした夢のような日々は、馬を焼くもくもくとした煙をまとって私の中で今も生き続けている。

そして縁あって今は、日本の南の地で、馬肉の食文化圏に暮らしている。熊本に来てしばらくは、外で食事をするとなると夫は私を馬料理屋に誘ったので、土地の人たちはしょっちゅう馬肉を食べているのかと思っていた。しかし、友人に聞くと正月やお客さんの時くらいしか食卓には上らないと言う。たしかに、その決して日常的とは言えない値段からも、熊本だからといってひんぱんに食卓に登場するものではないことがわかった。

とはいえ、「コウネ」(タテガミの下の白い脂)、「フタエゴ」(赤い肉が白い脂でサンドイッチされた腹の肉)、「ヒモ」(馬のあばら骨の間についた何十センチもある細長い肉)など、それまで見たこともなかった様々な部位が普通に肉屋にも売られており、馬刺にする部位も赤身から霜降りまで、いくつもの段階があって、馬肉文化の奥深さを感じずにはいられない。

日本はもちろんのこと、馬肉を食べる地域は世界でも限られており、食べず嫌いの人も多いだろう。しかし、香りにも味にも変な癖がないので、どちらかと言えば肉はちょっと……という人にも実は食べやすい肉である。

しかし、馬の国・キルギスを馬で旅した友人は、熊本の馬肉を味見してそのすっきりとした風味に驚いていた。それが、飼育方法あるいは保存の技によるものなのかは定かではないが、「でもね、この匂いは旅の間に感じたあの馬の匂いと同じ! これが馬の体臭というものなんだね」と彼女は言う。たしかにあの馬肉屋台で、煙の中にうっすらと感じたのも、他の肉とは明らかに違う動物の体臭であった。

さて、このスープに使った「馬ヒモ」は、ところどころに白い脂身がついた、不格好な縄のような形の肉で、肉屋で長いまま見せられると、なかなかの迫力である。決して綺麗な形ではないし、筋も強いのだが、高級な霜降り肉よりも旨味があるように思う。刺身にしたり炙って食べることが多いが、その旨味の強さを生かしてスープに加えてみたらこれが正解だった。一緒に合わせるのは私が愛してやまない、熊本が誇る生きくらげである。生きくらげは、そのぶりんとした食感が楽しく、スープに入れて煮込むとさらに透明感を増して煮汁にほどよいとろみをつけてくれる。

こうやって郷土の素材を組み合わせて新しい料理を考えるのはわくわくする作業だ。馬肉を初めて食べたあの頃、将来の絵も描けていなかった私が、めぐりめぐって今はこんな料理を作っている。そう考えると、一つの料理が生まれる陰には、混沌とした味や匂いや景色の記憶が複雑に絡み合っているのだなあと、しみじみ感じ入るのである。

抜き菜・生クリーム

「わあ！　つまみ菜のスープだ！」

細長い台所に母と兄と三人で肩を寄せ、私は熱いスープが柔らかな葉っぱの上に注がれるのをどきどきしながら見守った。みるみるうちに葉っぱがしぼんでゆく様は、何度見ても愉快で、子供心をつかんだ。

スープ皿につまみ菜をこんもりと盛り、エバミルクをかけ、熱々のコンソメスープを注ぐ。ただそれだけの、魔法のように簡単にできるこのスープが、兄も私も大好きだった。母と連れ立って近くのスーパーまで行き、野菜のコーナーで袋にぱんぱんに入ったつまみ菜を買ってもらう喜び。つまみ菜は、どちらかと言えば日陰者の野菜だと思うが、私たち兄妹にとっては野菜の中のヒーローのような存在だったのだ。

ずっと忘れることのできないこのスープを、ふと思い出して作ってみたのが「抜き菜のスープ」だ。

家の裏に小さな畑を作り、菜っ葉の種を蒔いたらしばらくして小さな葉っぱがたくさん出てきた。そろそろ間引かないと……と畑を眺めていた時に、急に蘇ってきたのが、あのつまみ菜のスープだった。

抜き菜は、大根、かぶ、青梗菜、水菜、ルーコラ、なんでもよい。種を蒔いてしばらくすると出てくる生命力溢れる若葉は、その繊細な姿には似合わないくらい、しっかりと主張する香りがあり、成長しきった野菜以上に雄弁だ。

この畑の子供たちを支えるスープには、動物の旨味がしっかりと染み出たものがほしい。とは言え、たっぷりの野菜で甘みと香りを足し、スープそのものをごくごくと飲みたくなるような味に仕上げておく。丁寧に取った新鮮なスープには、エバミルクのこっくりとした味よりも新鮮な生クリームの方が合うだろう。クリームのしつこさが出ないように、かつ、しっかりと白濁するくらいにスープと合わせる。

皿に山盛りにした抜き菜が、煮えたぎったスープと合わさった時、さらに青々として映るのも目にうれしい。こんな刹那的な瞬間こそが、台所の宝なのだと思う。

お玉でスープをよそう私を傍らで見守っていた娘もまた、私と同じ気持ちでいたのかはわからないが、ぎこちなくスプーンですくいながら、息もつかずに小さな喉に流し込んでいた。少し前までは、私にすがるようにして懸命に母乳を飲んでいたことを思うと、時間は確実に流れているのだと、切ない気持ちになった。

緑の夏野菜

私が虫だったら、私の体はとっくに緑色になっていると思う。

青い野菜が好きだ。好き、というより青い野菜をたくさん食べないと、生きてゆけない。食材の買い出しは毎日は行かないが、ああ、青いものがないな、と思って出かけることも少なくない。季節により、菜っ葉、うりの類、とにかく何でもいいのだけれど、体が染まるくらいにたっぷり食べないと落ち着かないのだ。野菜の青い色に、私は本来の栄養素とはまた別のところで、特別な栄養をもらっているのかもしれない。

また、ある時から、口からのみならず、目からもたくさんの緑を取り込まないと生きた心地がしなくなってきている。家の中にいても、つねに目は庭を向いているし、緑の中に家がうずもれるようにしたくて、せっせと植物を植え続けている。体の中に青いものがなくなると、ひどく枯渇してしまうのだ。

こんな青虫の私が、フラメンコ好きの友人の誕生祝いのために作ったのが「緑のガスパチョ」だ。メインは燻製パプリカの香りをきかせ、中にも上にもこんがりと焼いた干物を盛り込んだ「干物のパエリア」にしよう。

ところで、私が母以外の人からはじめて習った料理は、実はスペイン料理だった。マドリード帰りの先生のお宅に通い、スペインから持ち帰った美しいレリーフをほどこした家具や、色とりどりの絵付けの器に囲まれながら、スペインの家庭料理を教えていただくのは至福のときだった。先生は、砂糖菓子のような愛らしさで、甘く、鈴を転がしたような声は耳元で優しく響いた。その小さな体は白い肌で包まれており、ちょっと落ち窪んだ大きな瞳と筋の通った鼻はヨーロッパの彫刻のようで、じっと見つめられると思わず目をそむけてしまいたくなるほどだった。明らかに上質な細い毛糸で編まれた淡いピンク色のカーディガンを羽織った肩は細く、華奢で、タイトスカートからまっすぐ伸びた脚も、何もかも非の打ち所がない。大学に通い始めて間もない頃の、まだまだおぼこかった私には神々しいほどで、大人の女性の美しさにふれたのはあれが初めてだったようにも思う。

先生へのかすかな憧れからか、私はいつか見知らぬ国で料理を学んでみたい、と思うようになった。そして、「あなたたちもスペインに行ってみたら?」という先生の一声で、一緒に料理を習っていた大学の同級生とスペイン旅行を企てた。列車とバスを乗り継ぐ、マドリードからアンダルシアを駆け抜ける旅。行く先々で食べたのがガスパチョだったが、お店ごとにとろみも野菜の風味もがらりと変わって、東京で先生に習ったものとももちろん違う。料理って所変わればこんなに変わるんだなあ、おもしろいものだなあと思ったのを思い出す。

本場流のガスパチョの記憶はだいぶおぼろげになってしまったが、粘りの出る緑の野菜と梅酢で作るガスパチョと、いただきものの多い干物で作るパエリアが、最近では定番になりつつある。

先生には、もうあれっきり会っていないが、いつか再会する時があったら、今度は私流のガスパチョとパエリアで先生をもてなすのも悪くないなあと思っている。

パイナップル・卵

子供時代に愛読していたデザートの本に〝ザバイヨンソース〟なるものが載っていた。白ワイン、卵黄、砂糖をふわふわに泡立てて作るこのソースは、まだワインの美味しさを知らず、また泡泡したものが苦手だった私の心を魅了することはなく、記憶から忘れ去られた。

それが大人になってイタリアに渡り、散々放浪した後に流れ着いたのが、ピエモンテの厨房だった。そこで再会したのがサバイヨンソースの原型となる「ザバイオーネ」だったのである。ピエモンテ人が愛する食後の甘いものの代表で、卵黄と、卵を割った後の殻ではかったお酒と砂糖を、卵を半分に割ったような愛嬌ある形の銅鍋に入れ、火にかけながらひたすら泡立てて作る。使うお酒は、ピエモンテが誇る「バローロ」や爽やかな甘さの「モスカート」など色々だったが、私はモスカートで作ったザバイオーネを食べてから、白ぶどうのさっぱりとした風味が気に入って、この泡泡したデザートが少し好きになった。

熟練の料理人が作るザバイオーネは、しっかりと火が通っているはずなのにふんわりときめ細かな泡が口全体に広がる。料理をすべて出し終わり、パスタをゆでる鍋や肉を焼くフライパンやオーブンの音が静まった頃、厨房の高い天井に鳴り響く、泡立て器が銅鍋に当たる軽快な音。鍋底をどうにか覆うほどしかなかった卵黄は、みるみるとかさを増して鍋縁からあふれんばかりにふくらんでいる。「ＯＫ！」小さなグラスにふんわりと注ぐと縁から垂れることなくこんもりと形を保ち、料理人が差し出すと、給仕人が間髪入れずにお客さんの元に運んでゆく。厨房からは見ることが叶わなかったが、食堂ではあの夢のような舌触りに、みなうっとりとしているんだろうな……。と密かに想像してときめいた。

生温かい泡から匂い立つ仄かなお酒の香りがなんとも艶かしく、子供にはわかるはずのない魅力がそこにはあった。卵と砂糖を結びつける香り高いお酒の存在。これを果物の香りに変えてみたらどうなるだろう？

完熟のパイナップルはそれだけでも匂いの塊だが、火を通すことでさらに香りは強まる。あえてお酒を使わずに、乳製品でこくだけを添えれば……。卵とパイナップル、黄色いもの同士が手を結び、気泡の中からこっくりとした香りが飛び出してくる。

この香りを存分に味わうためには、茶碗やカフェオレボウルに盛りつけて、まずは器を鼻もとまで運んでみる。スプーンを使わずにお茶をいただく時のように飲んでみると、液体と、器を結ぶ唇の感覚が際立ってくるだろう。

スープに限ったことではないが、器の形や素材は料理の味を大きく変える。どんな料理にも、一番しっくりと寄り添う運命の器があるのではないかと思っている。

ぶどう・タピオカ

「あなたにまだお塩は早いわね」

大学時代に通っていたおもてなし料理の教室での一幕、私は先生の言葉に震え上がった。たしかその日はインド風の料理を作っていて、私は「オクラのサブジ」のレシピに書かれている材料を鍋に入れるよう指示された。オクラ、香味野菜、香辛料、そして塩……。名前を聞くのも見るのも初めての香辛料をまじまじと見つめながら、慎重に、順々に書いてある通りに入れたところで、「全部入りました」と報告をした。「あら？　お塩も入れたの？」との問いかけに、「はい」と答えたら、先生からの一言がこれだった。

今思えば、たしかに塩加減は料理の要であり、私も自分の料理教室で塩を入れるところだけは他の人任せにしないようにしている。だから、新参者だった私が、何も考えずに塩を入れたのは出過ぎたことだったにちがいない。当時の私は、まだ塩加減の何たるかもわかっていなくて、ただ盲目的に目の前のレシピに向かっていたんだろうなあといまさらながら思う。

以来、レッスンの日になると胃がきりきりと痛み、先生に手つきを見られるだけで身が縮むような思いがした。しかし、生来の優雅さに加えて、毎月、ご自身が旅をした様々な国の料理を旅のみやげ話をまじえ、時には民族衣装まで纏って披露してくださるその心意気には魅力があって、大学を出るまで私はそこに通った。

先生に教えていただいた料理の一つに「フルーツとタピオカのデザート・シノワーズ」というものがある。中国料理店で出される甘いココナッツミルクに浮かんだタピオカくらいしか知らなかった私には、果物と、八角などのスパイスを効かせた透明のシロップは、はっとする組み合わせだった。先生のレシピは、あの時あんなふうに叱られたなあ、あの一言は恐ろしかったなあ、などのほろ苦い思い出とともに、今も記憶のどこかに引っかかっているものが多い。

夏の終わりから秋の初めにかけて、市場にはたくさんの種類のぶどうが並ぶ。緑のぶどうも、紫のぶどうも、それぞれ姿かたちが色々で、色も微妙にちがうので、眺めているだけで楽しく、あっという間に時間が過ぎてしまう。果物はみな存在そのものが美しいけれど、ぶどうの色と一粒一粒が描く曲線は、特別なものだと思う。

そんなことを考えながら、あの甘くみずみずしいスープを記憶の引き出しから取り出してみる。吹きガラスのボウルに盛ると、ぶどうもタピオカも、透き通ったシロップの中でつやつやと光り輝いて、水の中に入れて遊んだビー玉や、庭の池に産み落とされた蛙の卵をふと思い出す。

かぼす・寒天

夏の台南に出かけた。

豆花《トウファ》、マンゴーのかき氷、すいかのジュース、一番奇妙なところではアボカドとプリンのジュースなど、台湾ならではの甘いものを来る日も来る日も楽しんだ。もともと甘いものはあまり得意ではないが、台湾の甘いものはたっぷりの果物が使われていることと、砂糖の甘みがやんわりとしているところが気に入って、飽きずに食べて廻った。

中でも気に入ったのが、「檸檬愛玉冰《ニンモンアイユーピン》」で、器に愛玉、ざっくりとしたかき氷、レモン汁入りの薄茶色いシロップをかけて食べる。どこか頼りなく儚い愛玉の食感に、台湾のかき氷独特の溶けやすさと、淡い甘みと優しい酸味のシロップが重なり合って、それはそれは素敵なデザートだった。氷がどんどん溶けて、しまいにはうっすら甘酸っぱい水のようになる刹那的なところもいい。さまざまな有名な甘いもの屋さんを巡った旅だったが、帰る前にもう一度食べたいと思ったのは、孔子廟《コンツーミャオ》の参道にある名もない店で食べた檸檬愛玉冰であった。私たち以外には客のいない店の軒先に腰を下ろし、火照った体にやんわりと染みてゆく甘酸っぱさで喉を潤しながら、台南との別れを惜しんだ。

散歩の途中でのぞいた食料品店では、帰ってから作ってみようと愛玉と愛玉をもむ時に使うさらしの袋を買い込んだが、使い切ってしまったらあの夢のような食感を味わえなくなってしまうのは寂しい。では、日本の食材で手軽にできないだろうか？　と考えた末に寒天を使ってみることにした。台湾人にとっての愛玉は、日本人にとっての寒天のようなものだろうと思ったからだ。スープの中で違和感がないように、寒天は柔らかめに固め、酸味はレモンよりも爽やかで、かつ優しいかぼすにしてみたらこれが大正解。愛玉のそこはかとない存在感に比べると寒天はもう少しきっぱりとしていて、でも一緒に浮かべる氷と見紛うようなきらきらとした透明感もあり、食後、思い立ったらすぐにできる手軽さも気に入っている。

焼き栗

栗が、青空から降り注いだ。

イタリアの栗の森で過ごした秋の一日のこと。肌に当たる風は冷たかったが、栗の木の下で犬と一緒に寝転び、枝の間から差し込む陽の光を体一杯に浴びた。ぽとん、ぽとん、と次から次へと大きな栗のいがが落ちてきて、のんびり寝てもいられない。仕方なく、しばらく森の道を散歩していると、籐籠を持った老夫婦に出くわした。彼らのお目当ては栗ではなくきのこのようだったが、二人のいでたちは昔話から飛び出してきたようで、しばし私の目は釘付けになった。栗の葉とそれらが作る影、女の人の肩にかかっていた手編みのショール、森の匂い、さまざまなものが入り交じり、あの時の記憶が栗を料理するたびに私を鼓舞する。

物心ついたころから栗には色々な思い出があり、いまでも時おり、くっきりと目に浮かんでくる。それは、私にとって栗という果実が特別なものだからだと思う。

北イタリアの包丁屋さんで栗専用の小さなナイフを見つけた時、迷わず買うことを決めたのも栗への思いが尋常ではなかったからだろう。ふだんの私ならば、一つの用途だけの道具を買うことはまずない。しかし、ちょこん、と先についた、曲がった鳥のくちばしのような小さな刃と、大きくはない私の手のひらにもすっぽり収まる温かな手触りの木製の柄が、何とも言えない風情で、私はひと目で恋をしてしまった。以来、このナイフは栗の季節には私の手の一部のようになって、ただひたすら栗をむき続けてくれる。鋭利なくちばしの先で鬼皮を少しだけ傷つけ、そこを手がかりにして鬼皮をはがしてゆくと、気持ちよいように裸の栗が現れる。もともと栗をむくのは好きで、面倒に思ったことがないし、半分に切ってスプーンですくうのは、こんなにも愛嬌のある栗の形を冒涜するような気さえするのだ。栗ナイフを手にしてからますます栗むきは楽しくなり、大鍋に何杯ものゆで栗をむいた時も、さすがにくたびれはしたが、最後まで栗ナイフを手放すことはなかった。ついには、大量の皮とむき栗に分けられた様子を眺めて、私とこのナイフだから成し得た共同作業の達成感に、ひとり悦に入ったのであった。

もちろん、皮をむくだけではなく、食べるのにも並々ならぬ情熱がある。思えば、頼まれたわけでもないのに、今まで数多くの栗の料理を考えてきた。栗のおいしさには色々あって、ゆでただけのほくほく、栗ごはんのもっちり、きんとんやモンブランのねっとり、どれもそれぞれに魅力的だが、中でも私が好きで作り続けているのが栗のスープだ。甘い栗であればただゆでたものを水や牛乳でのばすだけでも十分にご馳走になるが、バターで炒めてから煮込めばさらに風味は増す。

ただ、栗と言えばもう一つ捨てがたいのが焼き栗の香りで、フィレンツェや天津の街角で胸一杯に吸い込んだあの匂いが忘れられなくて、栗を一度こんがりと焼いてからスープにしてみた。炒めるのとはまたひと味ちがう、栗のこく。上に散らす栗は、とことんカリカリに焼くと、香ばしくてちょっと栗とはわからないくらいだが、これだけをスプーンですくって食べたくなるくらい乙な味である。

さて、この栗のスープ。毎年少しずつ何らかの変化を遂げているのだが、今年は一体どんなスープになるのだろう?

カリフラワー・乳清

ある日、カリフラワーは表舞台に躍り出た。

長らく、カリフラワーと言えば、ゆでてチューブ入りのマヨネーズをにょろにょろっと絞り出して食べる野菜くらいにしか思っていなかった。しかし、一つだけ、子供時代の忘れられないカリフラワー料理がある。母が作る酸味の利いたカレー味のピクルスである。主役の野菜はきゅうりだったにもかかわらず、私のお目当ては、一緒に漬かっていたカリフラワーの方だった。幼心にもお行儀が悪いなあと思いながら、カレー色に染まったカリフラワーばかりをほじくり出して食べていた。しかし、それは、そのまま飲むほど好きだった酢の風味と、ぽりぽり、きゅっきゅっという小気味いい食感を楽しんでいただけで、真のカリフラワーのおいしさに、当時の私はまだ気がついていなかったように思う。

それが、時が経ち、トスカーナの田舎町で食べた二つの料理が、私のカリフラワー観をがらりと変えてしまった。一つは、その名も〝米とカリフラワー〟。小房に分けたカリフラワーを米と一緒にゆでたところに、香りのよいオリーブ油をかけ、パルミジャーノ・レッジャーノをお皿が真っ白になるまですりおろして食べるもの。もう一つは、子牛の大きな塊肉を、にんにくととカリフラワーとともにただひたすら煮込むもの。ほんのり芯が残る米にふんわりと入り交じるカリフラワー。肉汁を吸ってどろどろになった、琥珀色のカリフラワー。どちらも、それまでにまったく経験したことのないカリフラワーの味であり、舌触りであり、香りであった。カリフラワーってすごい！

一つの野菜からこれだけの「だし」が出ることに気づいたのは、大げさではなく我が料理人生において非常に意味のある出来事だった。以来、カリフラワーには一目置いている。

料理学校に通い、目新しい料理を習っていた日々、夕食にアパートの台所で幾度となく作ったのは、「カリフラワーのパスタ」だった。一つの鍋でパスタとカリフラワーを塩をきかせてゆでる。ある日はオイルで、ある日はバターであえ、食卓でチーズを好きなだけすりおろす。それだけのことだが、癖になる味だった。わざわざ別の鍋でソースを作らなくても、一つ鍋の中でパスタとカリフラワーが互いのよさを吸い合って、特別な一皿になってくれるのだ。

以来、料理はたくさんの種類を覚えなくても、本当に好きなものを少しだけおいしく作れたら十分だと思うようになった。それ以外にも、イタリアで教えてもらったカリフラワーの料理は、どれもこれもカリフラワーのよさをしっかりと生かしたもので感心する。そういう意味では、日本人はカリフラワーをまだまだ熟知していないのだろう。でも、だしやしょうゆやみそよりも、オイルやバターやチーズとの相性の方が格段にいい野菜だから、それも仕方のないことかもしれない。

実がぎゅうっとしまったみずみずしいものが手に入ったら、迷わず生のままサラダにする。

オリーブ油でくたくたになるまで蒸し煮にするのもいいし、チーズたっぷりのグラタンも捨てがたい。今や、カリフラワーで一冊の本が書けそうなくらいに、次々とレシピが浮かんでくる。しかし、何と言っても秀逸なのは、丸ごとじっくりと蒸したカリフラワーだ。今にもくずれそうに柔らかく蒸したものを、恐る恐る持ち上げて皿に盛り、香りのよいオリーブ油をつやつやに光り輝くまで混ぜて、ぱらり、と花弁状の塩をふる。とことん蒸したカリフラワーのおいしさを知ると、わざわざ手をかけるのが馬鹿馬鹿しくなるほどだ。

しかし、ならば、である。蒸しカリフラワーをスープの材料にしてみてはどうだろう。驚くような甘みと、濃い香りをスープの中に閉じ込めてみたら？　焼きいものスープしかり、焼き栗のスープもしかり。生の素材にじっくりと火を通したものを、料理の出発点として使うのはなかなかいいアイディアなのだ。

私は、好き、と思ったら同じ素材をとことん料理し、いいな、と思った調理法は色々な素材で試してみることが多い。年をとるたびに、その傾向は強まっていくようで、なんだかいつも同じような料理だなあとマンネリ化を心の中で嘆いている。しかし、マンネリの中からきらりと光るアイディアが生まれてくることもしばしば。そんな時はやっぱり年の功なのかな、とうれしく思うのである。

銀杏・春菊

家の隣の公園に銀杏の木があり、毎年たくさんの実のお裾分けにあずかっている。梅干し用の巨大な盆ざるを総動員して軒下に干すのだが、前を通るたびに強烈な匂いに誘われる。栗、むかご、そして銀杏。秋の実りは、その形だけでも愛らしさに目を細めたくなるが、そのまま丸かじりというわけにはいかないところが、かえって料理心に火をつける。これらの実りの定番料理はもちろんごはん。そして我が家ではごはんを炊くように気軽に作る、フォカッチャにもたっぷりと埋め込むのが秋の風物詩となっている。

春菊は数ある青菜の中でも爽やかな香りが好きで、市場に出かけるとつい籠に入れてしまう野菜の一つだ。庭の小さな畑でも春菊が育ってくるのを見ると、とりわけうれしくなる。サラダに、ナムルに、グリーンペーストに。正月の雑煮にもうちでは春菊が欠かせない。

銀杏と春菊。どちらの香りも個性的だけれど、それぞれの香りを最大限に生かすにはどうしたらいいんだろう？　ジグソーパズルのように、色々な要素を頭の中で組み合わせてみる。柄も形もちがうピースがぴたりとはまるように、素材の味や香りや食感がうまい具合にはまる瞬間は、この上ない。もともと、旬が近い食材は、大地のどこかでつながっているのかもしれない、と思う。

野菜のだしでさっと炊いた銀杏と春菊は、日本の炊き合わせのようでもあり、香りづけの油を落とすのさえためらってしまう。目の醒めるような鮮やかな色と、口の中で踊る銀杏、そして鼻の中に流れ込む春菊の香り。

素材の相性を見つける旅は、まだまだ続いてゆくだろう。

熟れ柿・柚子

柿泥棒をしたことがある。

料理学校の放課後、仲の良かった友人と毎日散歩をした。その道すがらの悪行だった。

当時、私たちはイタリア各地の郷土料理を学ぶ日々だった。イタリアの北から南から、先生（つまり料理人）たちがやって来て、さらにはるばる、世界のあちこちからやって来た生徒たちに、土地の自慢の料理を教えるのに情熱を傾けた。

ある料理人は子羊を一頭丸ごと解体した。様々な部位を様々な料理に使われた羊は、捨てるところがないことを身を以て証明してくれた。しかし、昼食に羊肉のラグーのパスタ、羊のレバーの煮込み、羊肉とサフランのリゾット……と羊尽くしのご馳走をたらふく食べた後、午後の授業で羊の頭の丸焼きを作って出されても、誰が食べるというんだろう？　すぐに食べないのなら持ち帰って、アパートでみなで分け合って食べるようにと言われても、目をそむける以外にないではないか。

そんなふうにして、朝からひたすら作っては食べ続ける毎日、しまいには新しいレシピを覚えることよりも、どんどん重たくなってゆく我が身を律することの方が気がかりになっていった。そこで、私は友人とせっせと近所のおんぼろなテニスコートに通っては、たわんだままの穴だらけのネット越しにボールを打ち合い、夕暮れ時の田舎道をひたすら早足で歩いた。

ある秋の夕方、いつものようにおしゃべりをしながら歩いていた私たちは、民家の庭にたわわに実のなる柿の木を見つけた。その枝は、歩道の方にまで張り出してどっさりと実をつけていて、手を伸ばせば容易にとれる。誰も見ていないのをいいことに、一つ、二つ、と二人で失敬して帰り、次の日にはご丁寧にビニール袋まで持参して、小さな段ボール箱にいっぱいになるほど柿の実を盗み取ったのであった。しかし、その柿は渋柿で、ひと口齧ったら口がひん曲がった。イタリアの人は渋い柿はりんごと一緒に木箱に入れておくと渋が抜けると言うけれど、そうやすやすと甘くなる柿には思えない。そういえば、実家に毎年庄内から渋抜き柿が送られて来るが、焼酎をかけて渋抜きしていたはずだ。とはいえ、焼酎などイタリアの田舎町に売られているはずもない。考えあぐねた挙げ句に「そうだ！」と言って私たち二人がひらめいたのが、学校でデザートに使ったアニス風味のアルコール分の高いお酒だった。これをかけて新聞紙で覆っておけば…!!　私たちは、渋が抜けて甘くなり、ほどよい固さになった柿を思い浮かべてうっとりとした。そう、イタリアで見る柿の多くは齧るとガリガリいうような固いものか、透き通るくらいまで熟れきった柔らかいもののどちらかなのである。翌日、学校の食品庫から例のお酒をちゃっかり持ち出し、適当に柿にふりかけてからふたをして見守った。そして、数日が過ぎ、ようやくちょうどよい固さになった柿の味は果たして？　結果は、そこはかとない柿の香りは消え失せ、中までどこかアニスの香りがする、そしてお酒をふりかけたところだけがまだらに柔らかくなった、奇妙な代物だった。

学校を卒業してから彼女と会う機会はほとんどなくなってしまったが、たまに会えば必ず話に出るのがこの「柿泥棒」のエピソードで、あれだけたくさん教えてもらったレシピよりもずっと記憶に残っているのだから、何のためにわざわざ遠くの学校に通ったのかと自分でも思うけれど、まあ人生いろいろである。何はともあれ、泥棒をした家の人には結局会うことはなかったので、この場を借りてお詫びをしたいと思う。たとえ彼らがあの実を落ちるに任せたとしても、やはり見ず知らずの人間に盗られるのはまったくもって気持ちのよいことではないだろう。いまさらではあるが、申し訳ないことをした。

ところで、その後、東京に帰ってから借りた家にも、いま暮らしている熊本の家にも、柿の大木があって、わざわざ泥棒をしなくてもわんさか実がとれるようになった。ただ、売っているもののように食べ頃の柿ばかりではなく、かたやガリガリ、かたや熟れ過ぎと様々なのも、柿の木のある暮らしならではだ。

もともと果物の中で柿が一番好き、と公言していた時もあったくらいの柿好きだったが、身近にあまりにもたくさんあるとありがたみは薄れるもので、今は熟れすぎた柿を腐る前に追われるようにして食べることの方が多くなった。でも、木の上で透き通るくらいにまで熟れた柿が、外の冷気できんと冷えたまま食べるおいしさを知ってしまうと、家に柿の木があるというのは、幸せなことだなあとしみじみ感じ入る。

晩秋、すっかり丸裸になった柿の木に、限りなく赤く熟れた実だけがぶらさがっている風景が好きだ。幅広の刷毛で薄いグレーを引いたような空に、濃茶の枝が線を描き、そこにどうにかしがみついている紅色の実は、色の失せた冬の世界でも、たくましく生きているいのちがある証のようにも思える。

若葉の芽吹きから、最後の実、最後の一葉に至るまで、めまぐるしい生き様を見せてくれる柿の木は、数ある果樹の中でもなんとドラマティックな存在であろうか。

丸鶏・れんこん

いつだったか、料理好きの友人三人が集まって夕食を作ることになった。いつもは一人が作ってあとは招かれる、また別の日にはもう一人が作ってあとは招かれる、そんなことを繰り返していた。が、その晩はたまには趣向を変えようと、材料を持ち寄って一人が一品を担当することになった。

秋口だったので、私は干しいもと焼き栗のピラフを作った。しかし、自分が作った料理よりも強く心に残っているのが、一人の友人が作ってくれた「すりおろしれんこんと鶏挽き肉のスープ」だ。その頃、彼女は薬膳料理の勉強をしていたから、きっと体の温まるものを、という思いでこのスープを拵えてくれたんだと思う。上等な挽き肉と、すりおろしたれんこんと、水と、塩だけを箸で丹念に混ぜながら、とろとろになるまで煮たものだったと記憶している。そう珍しい料理ではないのかもしれないし、見た目も地味で、「え、これだけ?」という材料と作業だったけれど、私には初めての組み合わせで、鉢にたっぷりとよそってもらったとろんとした汁は、少し寒くなりかけてきた秋の夜に体をじんわりと温めてくれた。

それから何年が過ぎたのだろう。ある日、丸鶏を前にしてふと思いついて作ってみたのが「れんこん鶏」だった。丸鶏は香味野菜と一緒に水でゆでただけでも立派なご馳走だが、そこにれんこんのすりおろしが入るととろみだけでなく、長い時間をかけて染み出る鶏のうまみと相まって香ばしさが生まれてくる。

松の実は、韓国の丸鶏料理にヒントを得て隠し味に必ず加える。ほんの少しの量だが、スープに独特のこくを加えてくれるから、松の実というのは小さいながらに大きな存在だなあと思う。いつだったか、トスカーナの田舎で、大きな松ぼっくりをひろって、固い殻に包まれた実を取り出したことを思い出す。小さな実を左手の指先で押さえ、右手で石を持って軽く打ちつけるようにして殻を割るのは気が遠くなる作業だった。数あるナッツの中で、松の実だけがやけに値段が高い理由が、その時ようやく理解できたことを覚えている。

秋にはむかごも気まぐれで入れてみる。夏の間中、庭のあちこちからにょきにょきと蔓を伸ばす植物は、放っておくと木や家にからまって大変なことになるので早めに抜くようにしているのだが、むかごの蔓だけは別で、ハート形の葉っぱを見つけると嬉しくなって丁寧に他の木に絡めてしまう。葉っぱの陰に薄緑色のむかごがつくのを見ると、宝物でも見つけたように心躍り、段々と色が濃くなってふくらんでいくのを見守る秋の日々は、こよなく幸せだ。東京にいた頃、八百屋さんでたまに見かけるむかごは、なぜだかもそもそとしてあまりおいしいと思ったことがなかったのだが、土地によってそんなにも味がちがうものなのだろうか？　いまやむかごは大好物で、むかご採りを始めると、他のことが一切目に入らなくなるくらい夢中になってしまう。新米に、見つけた数だけむかごを散らして炊けば、宝探しをするような気分で食べる「むかごごはん」になるし、フォカッチャの表面にくぼみをつけるかわりに、一面にむかごを押し込んで焼く「むかごのフォカッチャ」は、秋のお客様には必ずお出しする一品になっている。初夏の野いちご摘み、秋のむかご採り、冬の椿の種拾い、そんなことが目下、私と娘の一番の楽しみである。ああ、実って本当に素晴らしい！

さて、大きな鶏を大きな鍋で煮て、まずはこっちの部位、次はあっちの部位と、賑やかに皿によそうのもこの料理の醍醐味だ。もも好き、胸好き、手羽先好きなど、人の好みを知るきっかけになるのもおもしろい。ちなみに私が密かにお尻と首をねらっていることには、誰も気づいていないだろう。みなで手をべたべたにして、黙々と骨をしゃぶっているのを見ると、こちらもしみじみと温かい気持ちになってくる。そう思うと、食べ物の効用は、食べた人だけではなく、作った人にもあるのかもしれない。

豚・レモン

レモンというのは偉大な果実だ。

柑橘の表皮だけを見事に削り取るおろし金を手に入れてからは、香りよい皮をはらはらと削り、料理の隠し味や仕上げに加えることが多くなった。また、薄皮まできれいにむき、きらきらと光る果肉だけを刻んで、詰め物料理のたねに忍び込ませるのもいい。レモンの姿は見えないのに、噛んだ時に爽やかな果汁がぷしゅっと口の中に迸る感覚は、汁を搾って加えたのとはちがう驚きがある。そして、パスタとレモンの薄切りを一緒にゆで、皿に盛ったらレモンの皮とパルミジャーノ・レッジャーノをすりおろして、香りのよいオリーブ油と粗塩をふるだけの「レモンのパスタ」。家にレモンとチーズしかない、なんていう時でもぱぱっと作れる気の利いた料理だ。レモンをたっぷりの塩に漬ける、モロッコ風のレモンの塩漬けに至っては、モロッコ料理にとどまらず、和風、洋風、アジア風、様々な国の料理に独特の香りを添えてくれる。ゆえに、いまや我が家の台所には、梅干しの瓶と並んで塩レモンの瓶が欠かせなくなっている。

さて、「豚肉とレモンのスープ」だ。このスープは、水分とともにオーブンで蒸し焼きにすることが肝心で、スープは透明でうまみたっぷりに、肉はふっくら、しっとりと仕上がる。オーブンに入れてしまえば、あとは何もする必要がないのに、なんだか料理の腕がぐっと上がったような気にさえなる。ガス火で煮る時のように、下からの火で汁が対流しすぎず、上からも横からも熱が入るので、肉に限らず、野菜も同じように、芯までしっかりと柔らかく、かつ煮くずれることなく火を通すことができるというわけだ。

大きな塊の肉を蒸し焼きにすると、肉そのものに目が行きがちだけれども、私は断然スープの方に軍配を上げたい。まず煮汁を、それから肉を食べるというのは、固体よりも液体の方が人の体にすんなり入ることを考えると、理にかなっているように思う。

肉にまぶしておいたレモンは、一緒に蒸し焼きにするとスープに苦みが出てしまうので、ほんのり香りをつけるだけにして、新鮮な果実と葉の香りを皿の中に忍ばせるのがいいだろう。レモンの塩漬けがあれば、マリネしたまま一緒に煮ても、苦みは出ないからこちらもぜひ試してみてほしい。

ところで、友人がわざわざ取り寄せたうずら肉のお裾分けにあずかった時のこと。果たしてどうやって食べよう？　と考えを巡らしていたら、あるエピソードを思い出した。トスカーナで、ぶどうとオリーブの農園に居候していた時、狩り好きの農園主がうずらをたくさん捕ってきたことがあった。その日の収穫をオーブンの天板にずらりと並べて焼き、お客様もお招きして準備は万端。しかし、食卓に運ばれて来たのは、焼き過ぎで黒々とした物体だった。かすかに野鳥の香りは感じられたが、皮はぱりぱりを通り越してほとんどひからびていた。「やっぱり野鳥はおいしいねえ」なんて苦し紛れのお世辞を言いながら、赤ワインで乾いた肉をどうにか流し込んだけれど、今朝まで森の中で元気に飛んでいたうずらの姿を思ったら複雑な気持ちになった。

だから、今回の到来物は何としてもおいしく料理したい。そんな気合い十分で、レモンの塩漬けとローズマリーをお腹に詰めて薪ストーブで焼いて食べたのだが、これは本当に素晴らしかった。腸を抜いただけの姿のままのうずらを見た時は、ちょっと可哀想だなと思ったものの、じんわりとした薪火で焼かれていくのを今か今かと待って、がぶりとかぶりついた時にはそのあまりのおいしさに驚喜した。丸い小さな頭からか細い爪の先まで、こんがりと焼けたところはこの上なく香ばしく、肉の味も食感も嫌なところが一つもない。うずらって、こんなに美味しいんだ……その晩、床に就いてからも頭の中はうずらのことでいっぱいだった。

結局、その日は三人で四羽のうずらを食べたのだが、まだ二羽余ってしまった。そこで、近いうちに友人に食べさせてあげようと、とりあえずレモンの塩漬けをまぶしておくことにする。しかし、当日になって、急に来られなくなったというので困ってしまった。その日は、私と娘しかいなかったから、母娘二人で火を熾して焼くのも、かといってこれ以上置いておくのも気が引ける。

考えあぐねた末、例の方法でオーブンで蒸し焼きにしてみたら……スープはどこまでも透き通っていて、そこはかとなく漂うレモンの香りがたまらない。毛をむしられてつるりとしたうずらは、皿の中でどこか申し訳なさそうに見えたが、身は驚くほど柔らかくしっとりとして、つるんと煮えた皮も心地よく喉を通ってゆく。しかし、最初は丸のままのうずらの姿に動じることもなく、「おいしいね、おいしいね。今度の誕生日はこれにして！」とうれしそうに食べていた娘も、私が両手で鷲掴みにして骨までしゃぶる姿に、段々と恐怖心を抱いたらしい。「ママ、すごいね……」と醒めた目で見始めると、「ごちそうさま」と早々にフォークを置いた。たしかに、自分の姿をはたから見たらまるで猛獣のようだったにちがいない。だが、私は、目の前の美味には抵抗できず、一心不乱に食べ尽くすことしかできなかった。

ここでも縁の下の力持ちはレモン。やっぱりレモンは偉大なのである。

ココア・黒砂糖

ココアには黒砂糖。そして、上には焼きメレンゲ。

これが、たまにココアを飲む時の、私と娘の定番の飲み方になっている。

チャイやココアを作る時には黒砂糖を入れるのが好きだ。ただでさえ濃い飲み物に、こっくりとした甘みが加わるとバランスがとれる気がする。

焼きメレンゲをのせるようになったのは、ある日、娘に初めてココアを作ってあげたときのこと。たまたま、おやつの棚に焼きメレンゲがあったので、「いいこと思いついた！」と言ってココアの上にざっくりと割ってのせてあげたら、彼女はその白いお菓子と黒い飲み物の組み合わせがたいそう気に入ったらしく、「ココアを飲む？」と誘うたびに、「きょうもいいことおもいついて！」と満面の笑みでせがんでくる。

それ以来、いただきもののお菓子の詰合せに焼きメレンゲが入っていると「あ、いいことがはいっている！」とうれしそうにしているのを見て、こちらも何だかうれしい気持ちになる。

真っ黒いこのスープは、ブランデーを忍ばせてあるので子供には向かないけれど、ここにさらに、とろん、と泡立てた生クリームをのせるのも、アイスクリームをひとすくい落とすのもいいかもしれない。

いいことを思いつくのは、大人も子供もいつだってうれしい。

焼きいも

昔、パリのレストランで出会った一皿のスープがある。

くるみやはしばみの実の色を思わせるような、品のあるベージュ色の液体は、きめ細かな泡で覆われ、コーヒーカップに入っていたらカップチーノだと思ったかもしれない。私は、カップチーノの泡が苦手で、バールでも「泡なし」を注文するのだが、いわゆるポタージュ状のスープを撹拌して全体に空気を入れ、ふんわりとした泡ができたところで間髪入れずに器に盛ると、まったく別のおいしさが生まれることを知ってからは、鍋の中で液体を撹拌することができるブレンダーが、欠かせない道具となっている。

しかし、当時の私には泡の立ったスープはまだ新鮮で、神妙な面持ちで匙を口に運んだのを思い出す。泡の正体はすぐにはわからなかったが、鼻を通り抜ける匂いにはどこか懐かしさがある。しばらくして、長身で柔らかな身のこなしのギャルソンが、空っぽになったスープボウルを下げながら私に尋ねた。

「なんのスープだかわかりましたか?」

彼の少し悪戯な笑顔にどぎまぎしながら、頭をぐるぐると回転させ、ぎこちないフランス語で答える。

「パン、ですか?」

「そう、その通り!　炙ったパンのスープですよ」

茶目っ気たっぷりにウィンクをして、厨房に消えて行った彼の後ろ姿を見送りながら、不意の質問に答えることができた安堵感と、まだ舌の奥に残る香ばしさが折り重なって、私は食事の間中、軽い興奮状態で過ごした。炙ったパンをなめらかなスープにするその発想にも驚いたが、何よりも火で炙ることでしか生まれ得ない香りの奥深さにすっかり魅了されてしまった。

それからだいぶ経って、焼きいものスープが生まれた。

焚き火でじっくりと焼いたおいもは、飾り気がなくて原始的で、いいおやつだなあと思う。でも、おやつを食べるとごはん時にまったくお腹が空かない体質の私にとっては、爆弾そのもの。正直、食べる機会があまりないのである。

とは言え、柿の葉、杉の葉、笹の葉、折れた枝やらなにやらが毎日増える一方の我が家では、焚き火は日常茶飯事。おまけにさつまいも一箱、などという頂き物も珍しくはないので、焼きいもも日常茶飯事。

子供たちが食べる姿を眺めるだけでも、それは幸せなことだけれど、ひと工夫して焼きいもを料理に使ってみたら……そんな思いで試しているうちに辿り着き、「焼きいも料理」として堂々の地位を得たのが、炊き込みご飯にピュレ、そしてこのスープだった。

同じ火を通したさつまいもでも、ふかしいもでは同じようにはならない。また、焼き加減も大切で、芯までねっとりと柔らかく、皮の下にほんのりと焦げ色がつくまで焼かないと、驚くような甘みと香りが出てこない。そう考えると、焼きいもをする時点からもう料理は始まっていると言っていい。

焼きいもは、それだけですでに完成された食べ物だ。でも、スープになることでさらに昇華することもある。それを教えてくれたのが、あのパリの炙ったパンのスープなのである。

ゆりね・牡蠣

招くことが生きがいだった。

初めて一人暮らしを始めた家では、毎晩のように誰かを招いては料理をふるまった。旅のおみやげ料理や、料理本を眺めては温めたレシピ……寝ても覚めても頭の中は料理のことでいっぱいだった。自転車に乗りながら、プールで泳ぎながら、どんな時も今夜は何を作ろう？　あの食材をどんな風にしよう？　そんなことばかり考えていた。そして、出来上がった料理は国籍も色々だったが、たいていはその時々の食材からひらめく、思いつき料理が多かったように思う。

それは家庭をもった今でもそう変わらないのだが、数々の思いつき料理の中でも秀作だと思うものの一つが、このゆりねと牡蠣の一皿である。どういう経緯で生まれたのかはっきりと思い出せないが、当時、私は牡蠣に粉をまぶして油でこんがりと揚げ焼きにするおいしさにはまっていた。ずっと苦手意識のあった牡蠣が、この方法で料理すると抵抗なく食べられるようになり、ある時は熟れ柿とルーコラと、またある時はグレープフルーツと水菜と、など、色々な組み合わせを試してはその妙に浸ったものだ。そんなある日、サラダ仕立てが多かった焼き牡蠣を、気分を変えてスープに仕立ててみた。ゆりね、牡蠣、そして、すだちを薄切りにしてのせ、皮をすりおろす。すだちの果肉をスプーンの背で押しながらスープをすくい、熱々の香ばしい牡蠣を食べる。「最高!!」会社帰りにいつもワインの瓶を抱えて駆けつけてくれた友人と二人、この素晴らしい組み合わせに何度も乾杯し、饒舌になったのを覚えている。

関東育ちのせいか、ゆりねにはほとんど縁がないままに過ごしてきた。小学校時代の親友のお母様が京都育ちで、一度だけお正月にお邪魔しておせち料理をいただいた時に、ゆりねのきんとんを食べたのが、思えばゆりねとの初めての出会いだった。その後は、だいぶ時間が流れ、大学を出てから、料理屋さんなどで食べる機会が増えるうちに大好きな食材になっていった。ゆりねだけを油揚げに詰め込んでだしで炊く「ゆりねのふくろ」や、ゆりねを牛乳と砂糖で甘く煮て作る「ゆりねのジェラート」、そしてこのスープは、例に漏れず思いつきから生まれた料理で、今では私の定番になっている。

おがくずから見え隠れする独特の肌合いは、今にも動き出しそうな小動物の地肌のようだが、水を通して綺麗になった姿は白い石を削り出した彫刻のようにも思える。見た目もさることながら、その控えめな甘みと火を通すことで生まれる食感は、それだけですでに大きな価値がある。

こんがりと焼いた牡蠣が、なめらかな乳白色の海に浮かび、柚子の香りをまとう時。海と大地は、皿の中でこんなにも豊かに混じり合うことを思い知るのである。

季節の野菜

小学生の頃、日曜日、よく母と一緒に冷蔵庫の中にあるありあわせの野菜とベーコンでスープを作った。このスープを作るのはいつも茶色い耐熱ガラスの鍋で、小さく切った野菜が淡いトマト色の汁の中で浮き沈みしていた様子をいまも思い出す。

最後にバターをひとかけら落とすのが私なりのこだわりで、スープにぐんとこくが増したことを覚えている。それからずっと、大学を出てイタリアへ行くまで、ミネストローネはさいの目に切った野菜やベーコンをトマト味で煮込んだ水っぽいスープだと思い込んでいた。

初めてイタリアに渡った時、私はローマでイタリア語の勉強を始めた。「花の広場」という、その名の通り花屋さんや八百屋さんなどの屋台が立ち並ぶ広場の裏に学校はあった。濃紺のジャケットを粋に着こなし、栗色のショートヘアーと同じ色の瞳が美しい先生に習うイタリア語の授業も好きだったが、休み時間に花や野菜の彩りにあふれた広場に出て、市場をひやかして歩いたり、パン屋でパニーニをかじったりするのもまた楽しかった。

昼食はホームステイ先に帰ってとるのが常だったが、ある日、滞在先のシニョーラの都合で、学校帰りに食べてくるように言われたことがあった。ひとりで外食をする不安と、自分の好きなものを選んで食べられる喜びとが相まって、複雑な気持ちで私が選んだのは、広場の裏通りにある、歴史の古そうな、雰囲気のある食堂だった。店の外には手書きのメニューが張ってあり、達筆な文字をたどりながら何を食べようかと考えていたところ、「ミネストローネ」と書いてあるのが見えた。これにしよう。

緊張して席につき、自分の拙いイタリア語はわかってもらえただろうかと、どきどきしながら料理がくるのを待っていると、運ばれてきたのはトマト色ではなく、野菜色のとろりとしたスープだった。野菜の角がとれるほどに煮込まれ、トマト味というよりはどの野菜の風味も主張しすぎていない。そして、さらさらとしたスープに具が浮いているのではなくて、渾然一体となったとろりとした食感。ベーコンなどどこにも見当たらない。これがミネストローネなんだ……。

その後、本当に様々な場所でミネストローネを食べたが、私が子供の頃に考えていたようなミネストローネに出会うことはなかった。味や具材はいろいろだったが、どれもそれぞれの野菜が本来の個性を失わないまま、他の野菜と手をつないでいた。

たぶん数あるスープの中でも、私はミネストローネが一番好きで、死ぬ前に何か一つスープを食べるとしたら、イタリア半島のかかとにある家で何度となく作ってもらった、切った野菜を炒めることもなく塩と水とオリーブ油で煮込むだけの、野菜の生き生きとした香りがふわっと立ち上る、あのミネストローネを選ぶと思う。

私も、日本に帰ってきてから、あちらで習った様々なレシピでミネストローネを作ってきた。不思議とこういう具沢山の汁は、暮らす土地やそこで手に入る食材によって、表情が変わりやすいようで、私もイタリアで習った味にはこだわらずに、その時に手に入る材料で自分が作りたい味を目指すようになった。

冬は、乾燥豆や白い根菜をよく煮込んでとろとろに、春は、若草色の野菜をたっぷり使ってやわらかな青い香りに、夏は、よく熟れたトマトの水分だけで大ぶりに切った夏野菜を煮て……、と季節によって入れる野菜もその切り方も変え、料理の衣替えを楽しんでいる。

秋は栗や根菜やきのこで、鍋の中を秋いっぱいにするのが楽しい。また、ふとひらめいてカシューナッツを加えてみたら、煮込むとぽくぽくとした食感になるのがおいしく、うれしく、すっかり定番になりつつある。

いつも同じレシピで作るのもよいけれど、季節や素材と話し合いながら、あえていつも変わり続ける料理もいいなあと、大きな鍋のふたをあけて鼻をふくらませては、しみじみと感じるのも、ミネストローネ作りの楽しみである。

菜花・小麦粉

畑を、これほど美しいと思ったことがなかった。

背筋をぴん、と伸ばしながら、鍬を持って花盛りの畑を悠々と彷徨うように歩くその人も、凛とした美しさを放っていた。彼女に初めて出会ったのは、その畑を訪れるほんの少し前だったが、本当に久しぶりに、出会いの瞬間に私は一種の戦慄のようなものを覚えた。不思議なことに、それは、イタリアの森の道で迷い犬に出会った時とどこか近い感覚だった（その犬は、直後から、片時も離れることができない相棒となった）。

この犬と、彼女の向こうに、私は後光とも言える明るい光を見たのだ。目の前に現れた時に、確かに感じた光。私はいわゆる霊的なものとはまったく無縁の人間で、目視できるものの他に、何か特別なものが見えると思ったことはない。しかし、彼らは別だった。

そんな光に吸い込まれるようにして、私は密かに彼女という人間を観察し、そして、気がつくと無我夢中で話しかけていた。彼女が、自然農の畑をたった一人で営み、できた作物を地元の保育園の子供たちに無償で提供していることを知った時、少しだけその光の意味がわかったような気がした。

畑を見せてほしい、と申し出たら快諾してくれて、じつは畑そのものよりも彼女に再び会いたい気持ちを抱えて出かけて行ったのは、三月初めのことだった。夕暮れに向かい、ほんのりと冷たい風が吹く午後、彼女の畑ではさまざまな菜っ葉の花が咲き乱れていた。見慣れたはずの野菜も、ここまで育ってしまうともはや食用の野菜ではなくなりつつあった。でも、まだ食べられそうな柔らかい葉や、ほろ苦い春の香りがいっぱい詰まった花や蕾を目当てに、固く成長した茎をぐいっと引っぱり、いろいろな種類の菜っ葉を採ってもらう。そんな作業の合間にも、彼女は地面を優しくなでるようにして、「あ、ここにちゃんとできていたんだ」と呟いて、小さなにんじんを引っこ抜いて娘に手渡してくれる。最初はにんじんについた泥を気にしたのか、小さな頭を横に振ったが、彼女が同じく優しい手つきでなでて、オレンジ色の肌が現れると、ようやく安心したようだった。ぱりっと微かな音を立ててかじると、「おいしい」と小さな声で呟いた。

雑草と共存するように生えている野菜やハーブは、虫もつかずに元気に育っている。もちろん、そのための工夫は色々とあるのだろうが、あるがままに、そこにあるものすべてを恵みとしてとらえる彼女の畑は、野菜も、草も、土も、そこに流れる空気すらもみな何かの力で一つにつながっているようだった。そして、彼女自身も、その小さな世界の中にいた。世界の中心、ではなく、あくまでも世界を漂う存在。支配するのではなく、つなぎ止める存在。

結局、袋一杯に詰めてもらった野菜は持ち帰って、いろいろに料理した。その時、いつもだったら何も考えずに水に流してしまう泥は、小さなハーブ畑に蒔き、太い茎や固い葉や根っこも、きれいに洗って水で煮てスープを取った。畑の色がにじみ出たような、淡い、淡い、緑のスープ。

本来、どんな野菜も、あるものは仄かな、あるものは力強い香りをもっている。わかりやすい動物性の旨味や複雑な調味料に頼らずとも、野菜を理解し、必要な時間と手間をかければ、透き通った、尊い味を私たちに教えてくれるのだ。

初夏、彼女に誘われて、草だらけの畑に種を蒔いた。花盛りのカラスノエンドウを鍬で刈り、むき出しになった土にすじをつけ、種をぱらり、ぱらり、と落とす。もう一度刈った草をかぶせて、後は芽が出るのを待つ。

料理は単なる表層でしかないのだ。一つの料理が出来上がるまでの道のりは、ほんとうに果てしない。

たけのこ・チーズ・卵

熊本で暮らすようになるまで、たけのこにはあまり縁がなかった。生まれ育った家の裏にも竹林はあったが、竹の根っこは隣家の敷地内に伸びていたので、たけのこを自由に掘れるわけではない。せいぜい母が窓から腕を伸ばし、我が家にのしかかってくる竹の皮をはいでは、中に梅干しを入れて折り畳んだものをちゅうちゅうと吸わせてくれるぐらいだった。母の生家のある小田原には、甘く煮た梅をゼリー状にのしたものを竹の皮で包んだ名菓があったから、竹はなぜか梅と折り重なって思い出されるものでもある。

それがいまや、見るだけで胸がいっぱいになるほど、我が家はたけのこがよく採れる。私が尊敬してやまない我らがたけのこ名人が、十一月も終わるころ「採れましたよ」と、小さな小さな初物を持ってきてくれる時、ひと足早いたけのこの季節が始まる。彼女は、たけのこを見つけることにかけて天才的で、土に一見まだ何の凹凸もない年末の頃から、竹林の中を歩きながら足の裏で土の表面をさぐり、やおら鍬で掘るとベージュ色の頭が飛び出す次第。私など、真似して足の裏に目をつけたつもりで歩いても、まったく何も見つけられないという体たらくなのである。

彼女は、たけのこはやっぱり春のまあるく太ったのでないと味がのらないですね、と言うが、私はこの冬筍の淡い若い味が一番好きだ。それを改めて確信したのは、上海の旅で連日通った食堂で「冬筍《とうしゅん》と豚の塩漬けのスープ」に出会った時である。大きな鉢に豚の様々な部位の塩漬けと、手のひらにすんなり収まるほどの小さなたけのこが透明のスープにごろごろと浮かんでいる様子も圧巻だったが、たけのこと豚の旨味が繊細に絡まった汁と、冬筍そのものの初々しいおいしさに完全に打ちのめされた。

ところで、たけのこと言えば、たけのこごはんや若竹煮が定番だが、ある日、熊本名物の「だご汁」を、淡い緑色の春野菜とたけのこで作ってみたら、これがなかなか上品な味で気に入っている。同じく熊本名物の「ひともじ」（わけぎに似たねぎの一種）と一緒に芥子酢味噌であえたぬたや、生のまま揚げる天ぷらも、お花見の頃には欠かせない。

しかし、私にとってたけのこは、近頃はどちらかと言えば洋風料理の名素材になりつつある。オリーブ油やバター、チーズやクリームといった、およそ縁のなさそうな素材が意外によく合うのだ。私がもっともよく作るたけのこ料理は、ここ数年はずっと「たけのこのカルボナーラ」だし、薪ストーブの使い納めに作るピッツァにも、必ずたけのこをのせている。

旬の頃には、名人がちょっと裏山に出れば手押し車に山のように採れ、すぐに裏庭にしつらえた大釜でどっさりゆでておいてくれるので、いつでもゆでたてを自由に使えるという幸せ。東京では見ることのなかった、干したけのこや、たけのこのおから漬けといったさまざまな保存方法があるのも、たけのこ天国ならでは。そんな中、使い道をあれこれ考えているうちに、新たな定番が生まれてきたというわけだ。

たけのこと卵とチーズの相性のよさはカルボナーラで知ったが、北イタリアで食べたチーズのクリームに生卵を落とす料理にも組み合わせてみたら、こんなスープになった。

料理は、いつだってジグソーパズルのようなもの。素材や調理法をパズルのピースに見立て、頭の中で組み立てる作業はおもしろくて、当分やめられそうにない。

ほうれん草・カレー粉

北イタリアのレストランのまかないに、なぜかよく登場したのがスパイスをたっぷり使ったカレーだった。シェフ、といっても私よりも年下で、小リスのような華奢な体と落ち窪んだ大きな瞳が印象的なその人は、かつてスリランカをひと月かけて旅した時のことを、独特の上ずった声で話してくれた。そして、旅の間に地元の料理人から教わったという数々のスパイス料理が、しばしば厨房の食卓にのぼった。

とはいえ、もともと辛いものをあまり食べないイタリアの人たち、特に食に冒険心のないおばあちゃん世代は、食指が動かなかったようだった。スパイス料理の日はおばあちゃんには〝特別食〟の野菜スープが用意されていたが、このスープともカレーともつかないようなほうれん草の料理だけは、老いも若きもみな好きで、ある日はうずたかく積まれたチャパティとともに、ある日はスパイスと一緒に炊いたバスマティライスとともに、あっという間に売り切れた。

私がそれまであまりなじみのなかったスパイス料理に開眼したのも、彼らと過ごした時間によるものが大きい。イタリアでも中世の料理法を繙くと、独特のスパイス使いが見られることはあるが、今はそれほどスパイスが活用されている感はない。香りをつけるのであれば、スパイスよりも生のハーブがふんだんに用いられ、ハーブの使い方や選び方にも地方色があるところに、ハーブ文化の奥深さを感じる。

サヴォイア家の王がかつて別荘にしていた石造りのお屋敷を、家族でホテルレストランとして切り盛りしているこの一家には、植民地時代にアフリカで暮らしていた歴史があり、その頃の名残が家族の味として受け継がれている。この厨房で働くようになってまず見せられたのが、数十種類のスパイスをミックスした、アフリカの一地方の料理に欠かせないペーストであった。これがいまやレストランの看板メニューでもある「牛舌の煮込み・甘酸っぱいソース」の隠し味に使われていたり、親族一同が集まって祝うクリスマスの食卓に、このペーストを入れて煮込む「ジグニッ」が振る舞われたりと、彼らの味には異国の香りがあちこちに潜んでいた。

また、リゾットや煮込みに使うスープには「メース」（ニクズク科の熱帯性常緑樹の、種子のまわりの網目状の赤い皮がメース。ちなみに、種子を割った中にある「仁」の部分はナツメグとなる）が必ず入るのも、他の厨房では例のないことであった。

彼らと過ごした時間と、中近東やアジアなど数々の旅を経て、私も少しずつではあるが、好きなスパイスを見つけ、相性のよい食材を探り出し、自分の料理に生かすことができるようになったように思う。

あの厨房で日々書き溜めた分厚いレシピノートは、ノートのリングがはずれてぼろぼろになってしまったが、小さな興奮とともに書き付けたこの料理のレシピは、たくさんのレシピの中でも特別な存在感をもって、スパイスの香りとともに私の脳裏にくっきりと刻まれている。

そして、いまや台所の引き出しには様々なスパイスが入った瓶がひしめき、庭でとれたコリアンダーやフェンネルの種なども加わって、日々の坦々とした食卓に香りを添えてくれるのは、うれしい限りである。

あさり・麦・セロリ

車と飛行機と列車を乗り継ぎ、花蓮に辿り着いた。

花と蓮、と書いてファーレンと読むこの町のことは、初めて名前を聞いた時から何となく好きになっていて、長旅も意外と苦にならなかった。茶葉の買い付けのために、はるばる花蓮のお茶屋さんまで通っている友人に伴い、何もわからないまま私と娘もこの地を踏んだ。着いたのはすでに夕刻だったが、お茶屋さんの前の広場にはガジュマルの木がゆったりと枝を伸ばしている。私はその枝に抱かれるような気持ちになって、ほっと胸を撫で下ろした。お茶屋さんでは、ご主人と友人の間で延々と続くお茶の試飲をぼんやりと眺めながら、さて、この町では一体何を食べようかと、そればかりが気がかりでならなかった。いろいろ尋ねてみたものの、ほとんど外食をしないというお茶屋さんのご夫婦からはこれといった情報も得られず、突如として夜の帳《とばり》が下りた見知らぬ町を当て所もなく歩き回ることになる。ようやく腰を下ろしたのは、人々でごった返す小籠包の店だった。しかし、ちょっと舐めただけで喉に上がってくるにんにくのたれに閉口して、一気に意気消沈する。とは言え、朝からまともな食事もとらずに楽しみにしていた夕食を、ここですませるわけにはいかない。中国の粉ものに目がない娘は、ひとり満足そうに小籠包の皮だけをはがしておいしそうに食べていたが、急き立てるようにして席を立ち、別の場所を求めて突然降り出した雨の中を走った。

必死で探り当てた食堂は、若い客で賑わう気さくな店で、何を頼んでもそこそこおいしかった。「またたべるの?」と不思議そうに尋ねる娘を尻目に、「あきらめなくてよかったねぇ」と、私と友人はようやく心の底から笑った。急に楽しくなって、私たちは臆面もなく他の客が食べている料理をのぞきこみ、見たことのない食材を見つけると、お運びのお姉さんをつかまえて、身振り手振りで質問しては、あれも食べたい、これも食べたいと盛り上がった。

そして、注文した料理をほぼ食べ尽くした頃、質問を次々と投げかける私たちに気をよくした料理人から、思いがけず一皿の料理が贈られた。ぶるぶるとして、白く透き通った謎の物体。この得体の知れぬ食べ物は、ふわーっと湯気を立てており、上には白髪ねぎと香菜と、赤くてとろりとしたたれがかかっている。恐る恐る口に運んでみると、体験したことのない食感で、変な臭みもなくおいしい。「花蓮はマンボウの名産地だから、これはマンボウじゃないかしらね」と言う友人の言葉を裏付けるように、料理人は厨房の奥からにっこりとうなずいた。

翌日の昼は、お茶屋さんのご夫婦が私が熱望した山菜料理の店にご一緒してくださることになっていたが、朝、私たちの顔を見るなり、「今日はやっぱり、私たちが作ることにしました」と嬉しい申し出をしてくれるではないか。まさかこの旅で、台湾の家庭料理を習えるとは思ってもみなかったので、私はうれしさで飛び上がった。

私たちが青空市場の散策を終えて戻ってくると、店の隅っこにある台所の床には、洗面器にどっさりと盛られた数々の菜っ葉がすでにきれいに洗われて、料理される時を今か今かと待っている。私が台湾の山菜料理に興味津々だったことを慮り、朝早くから市場へ買い出しに行ってくれたのだ。

その日ご主人が料理してくれたのは、菜っ葉の炒め物だけで五品、魚介の炒め物が二品、焼きビーフン、大根餅、豆干《ドウガン》（固い豆腐を薄切りにして燻したもの）の炒め物という大ご馳走だった。そして、次々とできあがった十品が小さな食卓に所狭しと並び、「いただきます」と食べ始めたところで現れたのが、極めつけの「はまぐりのスープ」だった。鍋にはまぐりと水を入れて台湾セロリとしょうがとにんにくを加え、火にかけてはまぐりの口が開いたら香菜を散らしてできあがり。はまぐりから出た塩気だけの味で、限りなく透き通ったスープをひと口含むと、想像をはるかに超えたおいしさにたまげてしまった。台湾のはまぐりのプルン、とした食感も驚きだったが、仄かに香る柔らかな台湾セロリが、このスープの陰の支え役だった。

台湾のはまぐりと台湾のセロリ。この繊細な香りの組み合わせには敵うはずもないが、貝とセロリの組み合わせはしみじみいいものだと思う。粒々の押し麦を忍ばせると、舌の上もより楽しくなって、あの香りと様々な食感に満ちあふれた花蓮の食卓にまた飛んで行きたくなる。

鯛のあら・ナッツ・ハーブ

南の島のクスクスは、香りの塊だった。

陽の光をたっぷりと浴びて育った小麦を粗く挽いた粉。青緑色の海から水揚げされた、とりどりの魚たち。これらが一緒になった時、信じがたい香りが生まれる。

クスクスは、北アフリカ料理の印象が強いが、シチリアの西の端、チュニジアまで船で数時間で渡ることのできる海辺の町が、イタリアでは唯一のクスクスの聖地である。ここでは、クスクスそのものを一から手作りする習慣が残っている。

しかし、クスクスと言えば、湯を注いで蒸らしておけば出来上がる簡単なものというイメージが強い。それまでインスタント以外のクスクスにはお目にかかったことがなく、粉から手作りをする工程を、どうしても頭の中に描くことができなかった。原料はデュラムセモリナ粉とあるけれど、あのさらさらとした粉がどうやったらこんな粒々になるんだろう？

私がこの町をはじめて訪れた時のこと、海辺を散歩していると、どの食堂の前にも「魚のクスクス」と目立つように書かれているのに気がついた。なるほど、この料理が町の看板メニューであるというわけだ。気になって仕方がなかったが、私はインスタント・クスクス独特の匂いが苦手で、本場のものを食べてみたいと思いながらも、なかなか積極的になれずにいた。そして、結局その旅でも一度も挑戦する勇気をもてずに、帰路についたのだった。

そして、再び私がこの地を訪れたのは、町の郊外にある農家民宿の厨房で研修をすることになった時だった。住まいとして紹介された家は、母一人、男の子二人の家族で、家にはちょくちょく母親のボーイフレンドが訪れた。到着した一日目の最初の食事は、スーパーマーケットで買ってきた出来合いのジェノヴァ風ペストであえたスパゲッティで、内心シチリアらしい手作りの料理を期待していた私はがっかりして、このお母さんはあまり料理が好きではないんだな、と理解した。

しかし、お世話になったひと月ほどの間に彼女が作ってくれた、雑魚のソースであえた極太の手打ちパスタや、町に伝わる「にんにくのパスタ」（驚くほどたくさんのにんにくとトマト、バジリコ、アーモンドで作るペーストであえるパスタ）は絶品で、ボーイフレンドの発案で催した「アイの鮨の会」の前菜にと用意してくれた、ひよこ豆の粉で作る名物の香ばしい揚げ物も、なかなかの味だった。

そんな彼女が、「明日クスクスを作るわよ」と言った時、「ついに来たか！」と私は心の中でほくそ笑んだ。が、喜んだのも束の間、私は結局急用が入り、クスクスの会には参加できなくなってしまったのである。落胆と妄想で悶々としながら用事を終えて帰って来ると、食卓には遠目にはチャーハンのようにも見える食べ物の残骸と、たくさんの空き瓶の山。「あのチャーハンのようなものがクスクス？」クスクスとは、たっぷりの汁を添えて食べるものと思い込んでいた私は我が目を疑った。

その後、地元の食堂などでおいしいクスクスを食べる機会に恵まれ、チャーハンのように見えたものは、実はソースをしっかりとまぶした状態のクスクスで、既に魚の香りでいっぱいのおいしい汁が染み込んでいたのだということを知った。しかし、肝心のクスクス作りを見ることは叶わなかった。

そして数年後、ようやく機は熟した。その町が気に入って住み着いてしまった料理学校時代の友人に会いに行った時のことだった。聞けば、彼女のボーイフレンドのお母さんは料理上手で、中でもクスクス作りはかなりの腕前とのこと。さっそく、一からクスクスを作るところを見てみたいとお願いをして、長年の願いが現実のものとなったのである。

まず見せてもらったのは、クスクスの材料になる茶色っぽい粗挽きの粉だったが、鼻を少し近づけただけで匂い立つような濃く甘い香りに驚いた。そして、ソース用に選ばれた魚は、色も顔かたちも様々で、すぐに名前の浮かばないようなものも含めて十種類以上はあっただろうか。細かい作り方はここでは省略するが、出来上がったクスクスは正直言って、あのインスタントのものとはまったくの別物なのである。気になる匂いなどもちろんないし、それどころか、作っている間中、鼻を心地よくくすぐる様々な素材の香りにくらくらとしてしまった。味や食感もさることながら、「香り」こそがこのクスクスの要だったのである。

あの味を忠実に再現しようと思ったら、まずシチリアに粉を買いに行くところから始めなくてはいけないことになるが、それが無理でもあきらめるのはまだ早い。インスタントのクスクスでも、その他の手順を教えてもらった通りに丁寧に踏めば、それなりにおいしいものができる。そして、素材選びと同じくらい、いや、それ以上に大切なものは、「みんなにおいしいものを食べさせてあげたい」という強い気持ちだ。粉と水を手で優しく混ぜる、丹念にスープを取る、蒸し上がったクスクスにスープをかけて、じっくり待つ。その動作一つ一つが食べる人の笑顔につながる。

ところで、クスクスのための魚のスープ作りを見ていた時に学んだ「緑の素」は、あれ以来さまざまな形で私に料理のアイディアを与えてくれている。ハーブとナッツと塩と水を鮮やかな緑色のジュースにする、この香りと味の塊は、たとえたくさんの種類の魚が揃わなくても、魚に魔法をかけてくれるし、魚以外にも鶏肉を煮るのにも最高のジュースになる。クスクス作りにはアーモンドとイタリアンパセリを使っていたが、ハーブの組み合わせ次第で、途端にスープの国籍が変わるのもおもしろい。コリアンダーやディルが入るとどこかアジア的に、イタリアンパセリとフェンネルが入ると地中海の香りに。

遠くへ行くことができなくても、できる旅もある。台所や鍋の中は、縦横無尽なのだから。長いこと根無し草のように旅を続けていた私が、台所の旅で満足できるようになったのも、人生のちょっとした収穫なのかもしれない。

細川亜衣（ほそかわ・あい）
一九七二年生まれ。〝素材を生かし切ること〟を考えて料理を作り続けている。
熊本を拠点とし、各地で料理教室、料理会、執筆など、料理をメッセージとする活動や、
食材を作る人と食べる人を、幸福な形で結びつけるための様々な企画を行なっている。
著書『食記帖』など。
http://aihosokawa.jugem.jp

Special thanks:
Ayano Suzuki, Hijiri Kojima, Hiroshi Uemura, Kazumi Umeki,
Masafumi Matsumura, Mayumi Okada, Naoko Ideno

スープ

二〇一四年一〇月二〇日　初版第一刷発行

著者――細川亜衣
写真――在本彌生
アートディレクション――田中義久
デザイン――竹廣倫
編集――大嶺洋子
発行人――孫家邦
発行所――株式会社リトルモア
〒一五一―〇〇五一　東京都渋谷区千駄ヶ谷三―五六―六
電話　〇三―三四〇一―一〇四二
ファックス　〇三―三四〇一―一〇五二
http://www.littlemore.co.jp

印刷・製本所――シナノ印刷株式会社

ISBN 978-4-89815-390-1　C0077